ANDREAS MEIER

393 TAGE FASTEN

EINE ENTDECKUNGS-
REISE FÜR KÖRPER
UND GEIST

Dieses Buch ist auch als
e-book
erhältlich.

www.novumverlag.com

Bibliografische Information
der Deutschen Nationalbibliothek:

Die Deutsche Nationalbibliothek
verzeichnet diese Publikation in
der Deutschen Nationalbibliografie.
Detaillierte bibliografische Daten
sind im Internet über
http://www.d-nb.de abrufbar.

Gedruckt in der Europäischen Union
auf umweltfreundlichem, chlor- und
säurefrei gebleichtem Papier.

© 2023 novum Verlag

ISBN 978-3-99146-069-5
Lektorat: Lektorat KL
Umschlagabbildungen: Anas D. Meer,
Microstock77 | Dreamstime.com
Umschlaggestaltung, Layout & Satz:
novum Verlag
Innenabbildungen: Anas D. Meer

www.novumverlag.com

Climate neutral
Print product
ClimatePartner.com/16547-2201-1002

INHALTSVERZEICHNIS

VORWORT

Vorsicht: Alle kursiv gesetzten Textteile im vorliegenden Buch sind subjektiv und beruhen auf eigenen Erfahrungen. Sie sind mit Vorsicht zu genießen, da jeder Mensch als Individuum unterschiedliche Bedürfnisse hat und entsprechenden Gewohnheiten nachlebt. Das Wichtigste aus meiner Erfahrung zum Fasten gleich zu Beginn: Fasten dient nicht der Gewichtsabnahme. Fasten dient zum Kennenlernen des eigenen Körpers und des eigenen Geistes.

Mein Einstieg ins Fasten hat mit dem Großbrand von Schweizerhalle bei Basel zu tun, als eine Lagerhalle des Chemiekonzerns Sandoz voller Chemikalien in Brand geriet. Die Katastrophe ereignete sich am 1. November 1986 im Industriegebiet bei Muttenz. Ich hatte im Herbst 1986 meine neue Tätigkeit beim Schweizerischen Bankverein in Basel angetreten und erinnere mich noch heute an den Sirenenalarm und die Durchsage in den Räumlichkeiten des Bankvereins: „Großbrand in der Schweizerhalle – Türen und Fenster geschlossen halten – weitere Nachrichten im Radio verfolgen!" Ich wollte meine Familie in Liestal telefonisch erreichen, da ich mir Sorgen um meine Frau und unsere Kinder Heiri, Ramani und Tina machte. Da war allerdings kein Durchkommen, und so stand ich das erste Mal in meinem Leben unter Schock. Zum Glück blieben meine Frau und unsere drei Kinder unversehrt, da sie Zuflucht in Schutzräumen gefunden hatten.

Bereits Ende November 1986, damals 35-jährig, begann ich meine Fastenkarriere mit drei Fastentagen. Als ich während der Brandkatastrophe in Schweizerhalle in meinem Büro eingeschlossen war, fragte ich mich, wie lange ich wohl ohne Wasser und Nahrung aushalten könnte. Zudem kreisten meine Gedanken um meine Familienmitglieder, Freunde und Bekannte. Auch meinen Start in die neue berufliche Karriere ließ ich Revue passieren: Als Direktionsmitglied mit 40 bis 50 Mitarbeitenden innerhalb der Informatik war ich für das Datenmanagement verantwortlich. Im Zentrum stand der reibungslose Betrieb der Datenbanken für Kunde, Konto und Depot. Gleichzeitig ging es darum, die hierarchische Datenbanktechnologie durch eine relationale zu ersetzen. Für die Koexistenz der beiden Datenbankumgebungen und sukzessive Migration in die relationale Welt mit benutzernahen Abfrageoptionen entwickelten wir in einem Spezialteam von Informatik-Cracks Software für IBM International (Entwicklung des Data-Propagators MVS/ESA, siehe Meier et al. 1994). Für mich waren Führungsverantwortung, Garantie des laufenden Betriebs und gleichzeitige Migration in eine zukunftsweisende Technologie eine besondere Herausforderung.

Meine ersten drei Fastentage im November 1986 ermunterten mich, nach den Festtagen an Weihnachten und Silvester gleich wieder eine fünftägige Fastenpause einzulegen, um mein Leben und meinen neuen Beruf im Bankenumfeld intensiver zu reflektieren. Der Alltag hatte sich nach meiner Ausbildungs- und Forschungstätigkeit an der ETH in Zürich sowie im Silicon Valley in Kalifornien grundsätzlich geändert. Den Jahreswechsel von 1986 auf 1987 nutzte ich dazu, die Bedeutung des Fastens zu ergründen und meine Lebensziele zu reflektieren.

Nach weiteren Trainingsrunden jeweils zu Beginn eines jeden neuen Jahres steigerte ich meine jährliche Fastenperiode auf elf Fastentage ohne feste Nahrung. Mit einer 14-tägigen Ausstiegszeit nach dem Fasten und dem Verzicht auf Süßwaren, Fleisch und Alkohol war mein Einstiegsmonat ins neue Jahr festgelegt. Ich plante das kommende Jahr mit persönlichen und beruflichen Zielen und lernte dabei im Laufe der Zeit, auch mal Nein zu sagen bei Projekten, die anstanden, aber nicht wichtig waren.

Nach meiner mehrjährigen Bankkarriere zuerst im Datenmanagement und danach im Risikomanagement beim Schweizerischen Bankverein wechselte ich Anfang der Neunziger zur CSS Versicherung nach Luzern, wo ich als neues Geschäftsleitungsmitglied für Personal, Organisation und Informatik zuständig war. Mein Verantwortungsbereich vergrößerte sich, und ich konnte mit meinen Kollegen in der Geschäftsleitung unter anderem das neue Programm der Gesundheitsprävention mitgestalten. *Ein Schlüsselerlebnis war für mich die Teilnahme an einer Gesundheitswoche sämtlicher Geschäftsleitungsmitglieder sowie des Verantwortlichen für Gesundheitsprävention im Engadin in den Schweizer Alpen. Begleitet wurde dieser Crashkurs von Ernährungsexpertinnen sowie einem Team für Sportmedizin aus Zürich.*

Zwei bedeutende Lessons Learned nahm ich von dieser Reise mit nach Hause:

Erstens begann ich aufgrund der Diskussionen mit den Ernährungsspezialistinnen, meinen Wasserkonsum von einem Liter natürlichem Wasser (in der Schweiz als Hahnenburger bekannt) auf zwei bis drei Liter pro Tag zu erhöhen. Seitdem habe ich immer eine Wasserflasche in meinem Rucksack dabei, die unterwegs im Handumdrehen wieder aufgefüllt werden kann. Auch die Kontrolle meines Wasserreservoirs ist denkbar einfach, denn es wurde mir empfohlen, auf meinen Urin zu achten. Dabei gilt der Grundsatz: Farbe klar statt gelb!

Zweitens untersuchten uns die Sportmediziner auf Herz und Niere. Kopf und Leib wurden mit Elektroden und Computer-Equipment verkabelt. Zudem wurden wir aufgefordert, auf einem Hometrainer Intervalltraining zu absolvieren. Alle meine Blutwerte und sonstige Messungen waren im grünen Bereich. Doch die Sportspezialisten waren mit mir nicht ganz zufrieden und forderten mich auf, mehr auf Kondition zu trainieren. Natürlich ging ich die Aufforderung noch im Gesundheitscamp an – und radelte zum ersten Mal in meinem Leben auf einem Mountainbike.

Bis heute lebe ich nach den Lessons Learned: Aufgrund meiner sportlichen Aktivitäten (Mountainbike-Marathons, zum Beispiel Nationalpark-Bike-Marathon mit 141 Kilometern Länge und 3.848 Höhenmetern, Lauf-Marathons à 42.195 Kilometer Distanz, Triathlons über olympische Distanzen von 1,5 Kilometern Schwimmen, 40 Kilometern Radeln und 10 Kilometern Laufen) steigerte ich meinen Wasserkonsum auf drei bis vier Liter pro Tag. Als Gradmesser für meine Kondition gelten mein Ruhepuls, der bis heute unter 50 bleibt, sowie meine Leistungsmessungen auf dem Hometrainer und die Qualität wichtiger Gleichgewichtsübungen.

Im September 2021 reiste ich anlässlich meines siebzigsten Geburtstags gemeinsam mit meiner Frau Lydia Meier-Bernasconi nach Paris, um eine Flussfahrt auf der Seine bis zum Atlantik und zurück zu unternehmen. Neben kulinarischen und kulturellen Genüssen widmete ich mich dabei dem ersten Entwurf des Inhaltsverzeichnisses zum geplanten Buch „393 TAGE FASTEN – eine Entdeckungsreise für Körper und Geist". Damit konnte ich eines meiner persönlichen Ziele für 2021 abhaken. Für 2022 nahm ich mir unter anderem vor, das Buch zu realisieren. Et voilà: Hier ist es!

Andreas Meier, Lenzerheide, Dezember 2022

PS: Für Kritik und Feedback bin ich immer offen. Am besten erreicht man mich unter der E-Mail-Adresse: andreas.meier@unifr.ch

Meier A., Dippold R., Mercerat J., Muriset A., Untersinger J.-C., Eckerlin R., Ferrara F.: Hierarchical to Relational Database Migration. IEEE Software, Vol. 11, No. 3, May 1994, pp. 21–27; DOI 10.1109/52.281714.

WUNDER DES FASTENS

TEIL I

WUNDER DES FASTENS

„Wer stark, gesund und jung bleiben will, sei mäßig, übe den Körper, atme reine Luft und heile sein Weh eher durch Fasten als durch Medikamente." Dies sagte der griechische Arzt der Heilkunde Hippokrates von Kos, der von 460 bis ca. 377 v. Chr. lebte. Sowohl in der Traditionellen Chinesischen Medizin des Ostens als auch in der evidenzbasierten Medizin des Westens, Südens oder Nordens hat die Aussage von Hippokrates auch heute noch Gültigkeit.

Unabhängig vom Kultur- und Lebensraum, von Weltanschauung, Religion, Alter oder Geschlecht haben Menschen seit jeher Fastentage überstanden, sei es freiwillig oder aufgrund von äußeren Umständen. Das freiwillige Fasten ist in unserer Konsumgesellschaft indes schwieriger geworden, denn der Verzicht auf Süßigkeiten, Alkohol oder Fleisch bleibt aufgrund des verlockenden Angebots der Lebensmittelindustrie und der allgegenwärtigen Werbung eine Herausforderung. Hinzu kommt, dass Anforderungen und Stress in der Arbeitswelt zugenommen haben. Als Kompensation bucht man ein Fitnessprogramm und begibt sich regelmäßig in die entsprechenden „Folterkammern" – freilich in der Annahme, auf diese Weise Stress und Fett abbauen zu können.

Besinnen wir uns auf die Kurzformel des Fastens nach Hippokrates; so finden wir eine einfache und wirksame Anleitung, um „stark, gesund und jung" zu bleiben:

- *Sei mäßig:* In unserer Überfluss- und Wohlstandsgesellschaft ist die Mäßigkeit eine besondere Herausforderung – sei es in der Ernährung, im Sport, in der Freizeit oder im Arbeitsalltag. Der bewusste Verzicht auf feste Nahrung für einige Tage pro Jahr setzt Körper und Geist auf Sparflamme. In dieser Zeit der Reduktion, Langsamkeit und Entschleunigung entwickelt der Mensch plötzlich Kraft, Lebensfreude und Mut zur Veränderung unliebsamer Gewohnheiten.

- *Übe den Körper:* Unser Arbeitsalltag hat sich in unserer Dienstleistungsgesellschaft radikal verändert: Büroarbeit oder Homeoffice stehen im Zentrum. Man sitzt den ganzen Tag vor dem Bildschirm und beklagt sich am Abend über müde Augen, einen schwirrenden Kopf, Rückenschmerzen oder Frustrückstände elektronisch geführter Debatten und weitere Zielkonflikte. Das „Üben des Körpers" findet in unserer arbeitsteiligen Agenda selten Platz; eventuell schafft man nach einem anspruchsvollen Arbeitstag gerade noch den Weg in den Fitnessraum. Fasten hilft, sich auf die Grundbedürfnisse menschlichen Daseins zu besinnen. Dabei gewinnen Körper- wie Geistübungen wieder an Bedeutung, und man versucht, seinen Alltag und seinen Lebensraum neu zu gestalten.

- *Atme reine Luft:* Ein Spaziergang, ein Lauf oder eine kleine Radausfahrt an der frischen Luft und in der Natur flutet unsere Blutbahnen mit Sauerstoff – Körper und Geist erholen sich von den Alltagsstrapazen. Lebt man im urbanen Gebiet und ist bei sportlichen Aktivitäten entsprechend eingeschränkt, kann man auf den Balkon treten und einige Qigong[1] oder Yoga-Übungen an der frischen Luft machen. Oder man geht frühmorgens in den nahegelegenen Park, atmet tief durch und meditiert.

- *Heile dein Weh:* Wehleiden sind vielfältig, und jeder Mensch kennt sie: Kopfschmerzen, Rückenprobleme, Herzensleid, Nervosität, Schlafstörungen, Zeitdruck, Depressionen oder Verlust der Lebensfreude. Erwartungen und Anforderungen

---

1 Qigong oder Chigong (sprich tschi gung) ist eine chinesische Meditations-, Konzentrations- und Bewegungsform zur Kultivierung von Körper und Geist.

nehmen laufend zu, sowohl im Privaten als auch im Arbeitsalltag. Man fühlt sich wie im Hamsterrad und findet keinen Ausweg. Da ist der Gang zu Ärztin, Psychiater, Therapeutin, Quacksalber, Heilpraktikerin, in die Apotheke oder die Burnout-Klinik vorprogrammiert. Fasten – der freiwillige Verzicht auf feste Nahrung für mehrere Tage – hilft, auf Medikamente zu verzichten und den emotionalen wie den körperlichen Stress abzubauen. Gleichzeitig eröffnet sich durch das Fasten die Chance, das eigene Leben neu zu denken und es zu wagen, dieses selbstbestimmt in die Hand zu nehmen.

Das vorliegende Buch *393 TAGE FASTEN – eine Entdeckungsreise für Körper und Geist* zeigt auf, welches Potenzial in einer jährlichen Fastenperiode liegt. Aller Anfang ist schwer, doch es wird leichter, wenn man ihn wagt und den Weg Schritt um Schritt geht.

Die drei wichtigsten Phasen einer Fastenperiode werden in den Kapiteln II, III und IV erläutert. Die Eintauchphase (Kapitel II) bezweckt, dass der Körper auf den Verzicht auf feste Nahrung eingestellt wird. In der eigentlichen Fastenphase (Kapitel III) wird der Energiehaushalt um ein Drittel reduziert, da der Verdauungstrakt ruht. Zudem findet unbemerkt und ohne äußeres Zutun ein Recycling der Körperzellen statt. Kapitel IV widmet sich der Auftauchphase und schildert, wie man sanft ins reale Leben zurückkehrt. Gleichzeitig besteht hier die Chance, aufgrund der Reflexion während der Fastentage unliebsame Lebens- und Verhaltensgewohnheiten zu verändern oder die gesteckten Ziele für Arbeit und Freizeit umzusetzen.

Die drei darauf folgenden Kapitel erläutern kurz und prägnant Ernährungsaspekte (Kapitel V), sinnvolle und einfache Übungen für Körper und Geist (Kapitel VI) sowie Gedankenreisen in den geschaffenen zeitlichen Freiräumen (Kapitel VII).

Das letzte Kapitel VIII *JEDER KANN ZAUBERN* ermutigt dazu, lange gehegte Wünsche und Träume trotz unbezwingbar geglaubter Hürden anzugehen und mit eigener Kraft zu erfüllen.

Hier nochmals meine eindringliche Warnung: In diesem Buch basieren alle kursiv geschriebenen Abschnitte auf persönlichen Erfahrungen. Sie sind mit Vorsicht zu lesen, denn jeder Mensch sollte sinnbildlich seine eigenen Kursivschriften verfassen und mit anderen teilen.

Immer wieder radle oder wandere ich für mehrere zusammen-hängende Wochen im Jahr. Da meine Familienmitglieder stark in ihren Verpflichtungen eingebunden sind oder die Strapazen mit Wind und Wetter scheuen, mache ich diese Trips meistens alleine.

So radelte ich im Jahr 2017 von Luzern über den französischen Jura, Burgund und das Loire-Tal bis nach Camaret-sur-Mer auf der Halbinsel Crozon ganz im Westen der Bretagne und zurück über die Nordküste der Bretagne bis Paris – insgesamt über 2.400 Kilometer. Im Mai 2017 kam unser zweiter Enkelsohn, Diego, zur Welt, und meine Frau Lydia wollte unserer Tochter Tina bei der Geburt beistehen. Die geplante regelmäßige Camper-Fahrt mit meiner Frau und unserer Hündin Stella fiel deshalb ins Wasser, und so nutzte ich die Zeit, den mir bekannten Weg zum Atlantik à bicyclette zu (er-)fahren, das heißt: langsam und mit eigener Muskelkraft. Natürlich hatte ich meine Trekkingutensilien samt Schlafsack und leichtem Minizelt dabei.

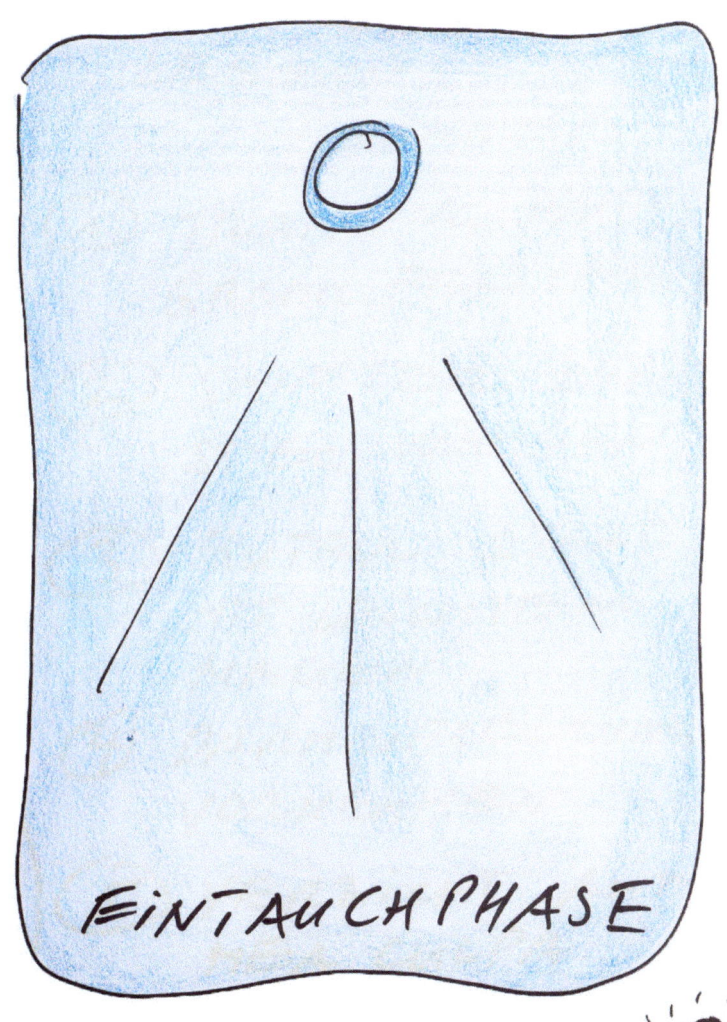

EINTAUCHPHASE

TEIL II

EINTAUCHPHASE –
Umstellung des Körpers

Um in eine mehrtägige Fastenzeit einzusteigen, sind einige Vorbereitungen notwendig und wichtig. Bereits in der Eintauchphase wird auf jegliche feste Nahrung verzichtet. Je besser diese Phase der Körperumstellung abläuft, umso leichter entwickelt sich das Wohlbefinden von Körper und Geist während des Fastens. Noch etwas: Entscheidet man sich für das Fasten, so sollte man in den ersten drei bis fünf Jahren mit einem vernünftigen Trainingsprogramm starten. Die erste Trainingsrunde umfasst beispielsweise drei Tage ohne feste Nahrung, aber mit genügend Flüssigkeit (Tee, Holundersirup, klare Suppe mit ausgekochtem Gemüse, siehe Ernährungstipps im TEIL III – FASTENPHASE). In den darauffolgenden Jahren kann die Fastendauer dann sukzessive erhöht werden, zum Beispiel auf sieben oder mehr Tage.

40-tägige Fastenzeit

Fasten gehört seit jeher zum Menschsein dazu. Im Altertum war Enthaltsamkeit, das heißt der mehrtägige Verzicht auf Lebens- und andere Genussmittel, ein Fixpunkt im Leben der Menschen. Es sind sogar Formen des ritualisierten Fastens bis zum Tod bekannt, so im Jainismus oder im Hinduismus. Eine 40-tägige Fastenzeit befolgten die Kopten im Alten Ägypten jedes Jahr vor Ostern. Mittelalterliche Fastenregeln erlaubten später eine Mahlzeit jeweils am Abend; allerdings war der Verzehr von Fleisch, Eiern und Milchprodukten oder der Konsum von Alkohol verboten.

Zeitpunkt und Zeitdauer

Der Zeitpunkt des Fastens sowie die Länge der Fastenzeit sollten individuell festgelegt werden. Heute nehmen die meisten Menschen kaum mehr Rücksicht auf religiöse Empfehlungen oder Regeln. Was das regelmäßige Fasten erleichtert, ist aus meiner persönlichen Erfahrung ein klarer Plan in Bezug auf Ort, Zeitpunkt und Dauer. Dies hilft im Laufe der Jahre, dass die eigene Fastenzeit von nahestehenden Menschen und Arbeitskolleginnen oder -kollegen toleriert wird. Die Fastenden tragen während der Fastenzeit buchstäblich eine dünne Haut und sind darauf angewiesen, dass ihre Mitmenschen im persönlichen Umfeld Rücksicht walten lassen.

Nach meiner siebenjährigen Trainingsrunde mit drei, fünf, sieben, neun, elf, 13 und 15 Tagen Fasten habe ich mich entschieden, jedes Jahr eine elftägige Fastenzeit ohne feste Nahrung einzuplanen. Ursprünglich startete ich jeweils am 1. Januar und wagte mich am 12. Januar wieder ins „normale Leben" zurück. Seit einiger Zeit beginne ich jeweils am Stephanstag (26. Dezember Jahr X) und tauche am Dreikönigstag (6. Januar Jahr X+1) wieder auf. Die Zahl Elf habe ich übrigens gewählt, weil ich als Zahlenmystiker diese Primzahl besonders schätze.

Der Zeitpunkt am Ende des alten Jahres beziehungsweise zu Beginn des neuen Jahres hat für mich eine wichtige Bedeutung: Ich reflektiere in diesem Zeitfenster intensiver als sonst mein Leben, da der Körper während des Fastens auf ein maßvolles, zurückhaltendes Verhalten getrimmt ist. Ich frage mich beispielsweise: Was habe ich im Jahr X erlebt, und welche beruflichen und privaten Projekte habe ich erfolgreich abgeschlossen? Zudem: Welchen persönlichen und beruflichen Zielen möchte ich mich im neuen Jahr (X+1) widmen? Dabei ist immer Bescheidenheit geboten: Die Ziele müssen konkret und realistisch sein und sollten unter einem Dutzend bleiben (fünf bis sechs persönliche plus fünf bis sechs berufliche Ziele, siehe TEIL VIII – JEDER KANN ZAUBERN).

Mentale Vorbereitung

Die mentale Vorbereitung auf die jährlich festgelegte Fastenzeit ist zentral und hat im Normalfall selbst die Dauer eines Jahres bis zur nächsten Fastenzeit! Die Fastenzeit wird in der Agenda festgehalten, im besten Fall jeweils zu einem fixen Zeitpunkt im Jahr und mit der geplanten Dauer in Tagen. Im laufenden Jahr ist die vergangene Fastenzeit immer wieder präsent, da die währenddessen festgelegten Ziele einer Umsetzung bedürfen. Es erfüllt einen mit großer Genugtuung, wenn einzelne Projekte erfolgreich abgeschlossen werden.

Menüvorschlag für die Eintauchphase

Vor dem Fasten beziehungsweise vor dem Starttag der Fastenzeit sollte man ein bis zwei Tage leichte Nahrung zu sich nehmen und auf Kaffee, Süßgetränke oder Alkohol verzichten. Weshalb? Es lohnt sich, die Fastenzeit mit leichtem Magen und gutem Körpergefühl zu starten. Deshalb steht auf der Menükarte für diese Einstiegszeit leicht verdauliche Nahrung wie Obst und Gemüse, Fruchtsäfte oder Tees. Besonders wichtig ist ein Verzicht auf Zucker und fettreiche Nahrung!

Sanfter Einstieg

Nochmals zur Erinnerung: Der Einstieg ins Fasten erfolgt langsam und sanft. Wichtig dabei sind die persönliche Verfassung und die eigene mentale Stärke. Man sollte sich mental für die Herausforderung gewappnet fühlen. Im besten Falle greift man nach gemachten Fastenerfahrungen auf seine Körper- und Kopferinnerungen zurück und ruft sich ins Gedächtnis, dass die Fastentage mit Hochs und Tiefs verbunden sind – und dass das Positive am Ende überwiegt. Wow: x Tage fasten, x Tage ohne feste Nahrung, x Tage auf Sparflamme und x Tage sein eigenes

Körpergefühl sowie seine Gedankenwelt auf unerwartete Art und Weise erfahren. Flash pur, immer wieder!

Darmentleerung ist angesagt

Ohne Darmentleerung kein Fasten. Erst mit der Darmentleerung wird dem Körper mitgeteilt, dass ab jetzt die Energiezufuhr eingeschränkt wird und nur über Flüssigkeit erfolgt. Das bedeutet: Während der festgelegten Fastenzeit gibt's keinen Stuhlgang mehr, denn Kacken bleibt obsolet. Nur noch Pissen ist drin. Das Rezept zur Darmentleerung lautet: 30 Gramm Glaubersalz aufgelöst in etwas heißem Wasser (einem Deziliter) im Glas einfach runterspülen. Puuuh, die Sole ist ein unangenehmer Trunk – und zum Glück nur einmal im Jahr gefordert!

Vorsicht: durchfallartige Entleerung

Nur Geduld: Die durchfallartige Darmentleerung erfolgt etwa ein bis zwei Stunden nach Einnahme des Glaubersalzes – dann aber explosionsartig. Deshalb sollte der Zaubertrank mit Glaubersalz am besten im Badezimmer in der Nähe einer Toilette eingenommen werden. Nach dem Trunk kann man sich zum Beispiel auf den Boden im Badezimmer legen und auf bessere Zeiten warten. Und plötzlich geschieht es: Das Glaubersalz wirkt, und der Darm muss Knall auf Fall entleert werden. Erleichterung nach diesem Toilettengang ist garantiert!

Bad mit ätherischen Ölen

Nach der Darmentleerung empfiehlt sich ein heißes Bad, zum Beispiel mit Badeessenzen aus Kiefer- und Tannennadeln oder Sandelholz. Warum? Nach den durchgestandenen Strapazen sollte man sich auf natürliche Art und Weise etwas Gutes tun und den Körper in ein Wohlgefühl versetzen. Durch die ätherischen Öle verduftet die Erinnerung an die Darmentleerung mitsamt ihren Geräuschen und Gerüchen.

Hungergefühl verbannt

Man kann es kaum fassen: Nach der Darmentleerung ist das Hungergefühl wie weggeblasen. Die Entleerung funktioniert wie ein einfacher Kippschalter: Kaum ist der Körper auf flüssige Nahrung eingestimmt, spart er die Energie des Verdauens (ca. 30 Prozent der Gesamtenergie) und verzichtet auf Hungergefühle. Das Einzige, was bleibt, sind ab und zu Gelüste, vor allem nach Brot (Sehnsucht nach Kauen) oder Früchten (Beißen in fruchtige Äpfel oder Birnen).

Ich muss zugeben, dass ich in den ersten Jahren meines Fastens glaubte, ab und zu ein Hungergefühl zu verspüren. Im Nachhinein denke ich, dass ich mir dieses Hungergefühl nur einredete, denn in Wahrheit ist es lediglich ein Gefühl des Verlangens und kein Bedürfnis. Man bildet sich ein, ohne feste Nahrung die Fastenzeit nicht aushalten zu können. In Wirklichkeit sehnt man sich nach einem Stück Brot oder einem Apfel oder einem Stück Käse (Letzteres wäre ein No-Go während des Fastens, denn Fett oder fettreiche Nahrung würde den Magen überfordern und ihn zum Übergeben zwingen).

Im Laufe der Jahre habe ich gelernt, mit den unterschiedlichsten Geruchs- und Geschmacksempfindungen während der Fastenperiode besser umzugehen. Klar, während des Fastens stehen alle Sensoren auf Empfang. Wenn ich zum Beispiel frühmorgens mit leerem Magen durch die Gassen schlendere, wittere ich alle Bäckereien in der näheren Umgebung. Welcher Duft! Welche Empfindungen! Sämtliche Geruchs-, Geschmacks- und Empfindungssensoren stehen beim Fasten immer auf Empfang. Fazit: Man kann nur in einer Fastenzeit erfahren, über welch empfindliche Sinnesorgane ein Mensch verfügt.

Kein „Mea culpa"

Gläubige schlagen sich auf die Brust und äußern sich mit „Mea culpa": Ich bekenne mich, dass ich Gutes unterlassen und Böses getan habe. Im Laufe der Zeit hat sich „Mea culpa", oft ironisierend, als Entschuldigungsformel für unterschiedliche Handlungsweisen in der Konsumgesellschaft etabliert. So lautet die Wehklage zum Beispiel: zu viel gegessen, zu viele Süßigkeiten verschlungen, zu viel des Alkohols zelebriert. Oder: keine Zeit für Yoga, kein Qigong, keine Körperübungen, keine Laufrunden an der frischen Luft etc.

Beim Fasten braucht es kein „Mea culpa"!

Ein Haarschnitt tut gut

Mein Vorschlag zum Abschluss der Eintauchphase: Nimm dir vor der eigentlichen Fastenphase einen Haarschnitt vor (bei Männern inklusive Bartschnitt) und fühle dich wie neugeboren. Es muss ja keine Kahlrasur sein.

LESSONS LEARNED

1. TRAININGSPROGRAMM FESTLEGEN
2. SANFTER EINSTIEG WÄHLEN
3. GUTER START MIT LEICHTEM MAGEN
4. DARMENTLEERUNG VORNEHMEN
5. VERZICHT AUF MEA CULPA

FASTENPHASE

TEIL III

FASTENPHASE –
Verzicht auf feste Nahrung

Jetzt beginnt die mehrtägige Fastenzeit. Mehrtägig bedeutet, dass der Fastende selbst die Anzahl Tage bestimmt, an denen er auf feste Nahrung verzichtet.

In der Fastenphase wird der normale Verdauungszyklus bewusst unterbrochen. Normalerweise wird täglich feste Nahrung eingenommen, doch während des Fastens gibt's keinen Nachschub mehr. Der Körper nutzt in dieser Zeit die eigenen Reserven; zuerst geht er den Zuckervorrat an, danach baut er Fettpolster ab.

Unterbrechung des Verdauungszyklus

Dank der Darmentleerung während der Eintauchphase wird der Körper auf das Fasten vorbereitet. Nach verschiedenen Trainingsrunden über die ersten Fastenjahre verteilt erinnert sich der Körper sukzessive daran, dass sein Verdauungszyklus unterbrochen wird. Der Körper stellt sich ohne Groll auf diese Herausforderung ein. Bewusst wird auf feste Nahrung oder Diätkost verzichtet; lediglich die Zufuhr von Flüssigkeit ist erlaubt – und wichtig. Als Faustregel gilt: Zwei bis drei Liter Flüssigkeitszufuhr pro Tag sind notwendig, um keine Risiken einzugehen.

Viel Flüssigkeit hilft auch, wenn Hungergefühle aufkommen – oder besser gesagt: Lust auf feste Nahrung. Der Magen füllt sich mit Wasser (Fastensuppe, Tee, Sirup usw. gemäß Menüvorschlag weiter unten) und vergisst seinen Mangel an fester Nahrung. Die Verdauung ruht während der gesamten Fastenzeit. Allerdings müssen Fastende regelmäßig die Toilette aufsuchen, um die Blase zu entleeren. Mögliche Hämorrhoiden oder andere

Afterbeschwerden bleiben aus. Wichtig wäre trotzdem, ab und zu den Aftereingang mit etwas Salbe (zum Beispiel Ringelblumensalbe, Thymian- oder Mandelölsalbe) geschmeidig zu halten.

Energiehaushalt

Beim Fasten verändert sich der Energiehaushalt drastisch, denn ein Drittel der Energie entfällt, da der Verdauungstrakt während der Fastenzeit keine Arbeit leisten muss. Mit der übrig bleibenden Energie sollte man jedoch sorgfältig umgehen. Sorgfältig heißt: ohne Stress, mit wenig Tempo, dafür mit viel Schlaf oder regelmäßigen Nickerchen.

Erstaunlich ist, dass man während des Fastens seiner Arbeit nachgehen kann – freilich mit leichter Einschränkung und bewusst gedrosseltem Tempo. Sogar sportliche Aktivitäten tun einem gut, sofern hier nicht neue Rekorde gebrochen werden. In jedem Fall sind vernünftige Aktivitäten sinnvoll, da sie einem die Fastenzeit gefühlt verkürzen. Zudem: Immer wieder tauchen Wellen des Glückgefühls auf und erfüllen Geist und Körper mit frohen Gedanken und guten Körpergefühlen.

Während meiner Berufstätigkeit bin ich beim Fasten meinen Verpflichtungen immer ohne große Einschränkungen nachgekommen. Trotzdem: Wichtig bleibt ein vernünftiger Umgang während des Fastens mit Rücksicht auf den eigenen Körper, aber auch mit Blick fürs Wohlbefinden. Ruhe ist immer wieder angesagt. Timeout ist angesagt. Auf das Innere achtsam eingehen ist angesagt.

Recycling aller Körperzellen

Autophagie oder Autophagozytose bezeichnet den natürlichen Prozess der Zellerneuerung beim menschlichen Körper respektive bei allen mehrzelligen Organismen. Dabei geht es um

Zellerneuerung, Zellreinigung und Zellregeneration. Man könnte also vom Recycling der Körperzellen sprechen.

Der japanische Forscher und Zellbiologe Yoshinori Ohsumi hat für seine Untersuchungen zur Autophagozytose im Jahr 2016 den Nobelpreis in Medizin erhalten. In der Pressemitteilung des Nobelkomitees heißt es unter anderem: „Ohsumi's discoveries led to a new paradigm in our understanding of how the cell recycles its content. His discoveries opened the path to understanding the fundamental importance of autophagy in many physiological processes, such as in the adaptation to starvation or response to infection. Mutations in autophagy genes can cause disease, and the autophagic process is involved in several conditions including cancer and neurological disease" (siehe https://www.nobelprize.org/uploads/2018/06/press-34.pdf; abgerufen am 15. Januar 2022).

Deutsche Übersetzung: „Ohsumis Entdeckungen führen zu einem Paradigmenwechsel bezüglich der Frage, wie Zellen ihren Inhalt erneuern. Seine Resultate zeigen die grundlegende Bedeutung der Autophagie bei vielen physiologischen Prozessen, etwa bei der Anpassung an Hunger oder der Reaktion auf Infektionen. Mutationen in Autophagie-Genen können Krankheiten verursachen. Der autophagische Prozess ist an mehreren Krankheiten beteiligt, darunter Krebs und neurologische Erkrankungen."

Autophagie ist also ein Schlüsselprozess der Zellen, um geschädigte Proteine, angegriffene Membranteile, Viren oder Bakterien abzubauen. Um diese beschädigten Teilchen in den Zellen zu erneuern, werden sie zuerst abgebaut und danach die Zellen regeneriert. So lassen sich diverse Krankheiten abwenden – dank dem Reinigungsprozess der Autophagie.

Autophagie ist darüber hinaus ein Notfallsystem in Hungerperioden, das sich im Laufe der Evolution beim Menschen entwickelt hat. Entsprechende Studien legen nahe, dass der Autophagieprozess den Zucker- und Fettstoffwechsel verbessert und das Herz-Kreislauf-System anregt.

Fasten heißt nicht Hungern

Fasten bedeutet nicht Hungern! Hunger bezeichnet Unterernährung über einen längeren Zeitraum. Er tritt oft durch Krisen auf, etwa in Dürrezeiten, während Kriegen oder Umweltkatastrophen. Meistens trifft er Menschen, die bereits unter chronischem Hunger leiden. Im Jahr 2020 waren das gemäß der Welthungerhilfe (https://www.welthungerhilfe.de/; abgerufen am 15. Januar 2022) weltweit bis zu 811 Millionen Menschen – jede zehnte Erdenbürgerin beziehungsweise jeder zehnte Erdenbürger. Fasten ist demnach nicht Hungern, sondern der freiwillige Verzicht auf feste Nahrung für einen bestimmten Zeitraum.

Beim Fasten greift der Körper als Überlebensstrategie auf Reserven zurück. Dank dem Verzicht auf feste Nahrung benötigt der Körper nur zwei Drittel der üblichen Energie, da der Verdauungstrakt zu dieser Zeit ruht. Klar, das Körpergewicht geht während der Fastenzeit leicht zurück: im Schnitt pro Tag wenige Hundert Gramm während einer mehrtägigen Fastenperiode.

Meine Fastenzeit beträgt nach einer siebenjährigen Trainingsrunde konstant elf Tage pro Jahr. Mein Normalgewicht liegt zwischen 68 und 70 Kilogramm. Da ich die Fastenzeit jeweils nach Weihnachten beginne, starte ich aber mit einem Gewicht von 70 bis 72 Kilogramm, denn es haben sich dank reichhaltiger Nahrung und dem Verzehr von Weihnachtsguetzlis (Kekse oder Plätzchen) doch einige Reserven angesammelt, die mit dem Fasten wieder verschwinden. Normalerweise zeigt die Waage am Ende meiner elftägigen Fastenzeit ca. 66 Kilogramm an, das heißt, ich verliere ca. drei Kilogramm meines Normalgewichts und zusätzlich ca. zwei Kilogramm vom Weihnachtsspeck. Nach der dritten Phase – dem Auftauchen aus der Fastenzeit – pendelt sich mein Normalgewicht dann wieder ein (siehe KAPITEL IV – AUFTAUCHPHASE).

Fasten ist mehr als Abnehmen

Fasten ist nicht dazu da, um Gewicht zu verlieren. Fasten ist dazu da, um sich besser kennen und schätzen zu lernen. Gewichtsabnahme durch Fasten ist so oder so illusorisch, da sich das Gewicht nach der Fasten-Ausstiegsphase wieder auf das alte Niveau einpendelt. Viele sprechen vom Jo-Jo-Effekt[2] und meinen damit, dass sich das Körpergewicht nach dem Fasten wieder präsentiert wie vor dem Fasten. Schlimmer noch: Manchmal erhöht sich dieses sogar, da sich die Ernährungsweise nach dem Fasten nicht unbedingt zum Guten wendet und man Nachholbedarf in Bezug auf ungesundes Essen verspüren kann.

Umso wichtiger bleibt die dritte Phase des Fastens, die sogenannte Wiederauftauchphase ins Normalleben mit einer sukzessiven Gewichtszunahme bis zum Normalgewicht (siehe TEIL IV – AUFTAUCHPHASE). Es gibt denn auch unzählige Studien, die belegen, dass gesunde Ernährung und Bewegung wichtiger sind als ausgeklügelte Diät- und Fastenprogramme. Zudem: Teure und oft mit Heilsversprechen gespickte Abmagerungskuren mit individuell ausgelegten Ernährungs- und Diätprogrammen sind Habakuk – Habakuk steht für Unsinn. (Habakuk ist der Name eines Propheten im Alten Testament. In der Schweizer Mundart hat der Ausdruck Habakuk die Bedeutung „unbrauchbares Zeug".)

Das Fasten ist also ein Weg zu sich selbst – sofern man sich darauf einlässt. Es reduziert die Körperenergie und sendet trotzdem oder vielleicht gerade deshalb Glücksmomente für Geist und Körper aus. Alle Sinnesorgane sind während der Fastenzeit „voll auf Empfang" ausgerichtet, und es ist erstaunlich, was

---

2 Wikipedia definiert den Jo-Jo-Effekt als unerwünschte und schnelle Gewichtszunahme nach einer Reduktionsdiät. Bei wiederholten Diäten kann sich das Körpergewicht wie ein Jo-Jo auf und ab bewegen, wobei das neue Endgewicht oft höher ist als das Ausgangsgewicht (siehe https://de.wikipedia.org/wiki/Jo-Jo-Effekt; abgerufen am 16. Januar 2022).

Fastende während der bewusst eingegangenen Fastentour alles mitbekommen. Fazit: Fasten ist keine Tortur, Fasten ist eine Tour d'Horizon, eine Bestandsaufnahme über das eigene Ich.

Menüvorschlag für die Fastenzeit

Der Menüplan während der Fastenzeit scheint eintönig, aber erfolgversprechend. Er ist dreiteilig: morgens heißer Holundersirup, mittags Fastensuppe (in Wasser gekochtes Gemüse mit einer Prise natürlichem Meersalz), abends Früchtetee. Im Laufe der Fastentage erscheint dieses einfache, aber wirksame Menü einem zunehmend langweilig, doch es enthält wichtige Nährstoffe. Als Holundersirup sollte nach Möglichkeit ein medizinisches Produkt verwendet werden (ca. 400 Milliliter für elf Fastentage). Eine Portion von 15 Millilitern pro Tag enthält wichtige Nährstoffe: 280 Kilojoule[3], wobei 0,7 Gramm Eiweiß, 73 Gramm Kohlenhydrate (Zucker) und 0 Gramm Fett.

Lebensnotwendig bleibt eine Flüssigkeitszufuhr von zwei bis drei Litern Wasser pro Tag in Form von Sirup, Tee oder Fastensuppe.

Zusatztipp: Sehnt man sich nach dem Kaugefühl, gibt's einen Ersatz fürs Kauen sowie ein Mittel gegen Mundgeruch: einfach ab und zu einen zuckerfreien Kaugummi kauen!

Fasten ohne ärztliche Betreuung

Kliniken für Fastenkuren, Ärztegesellschaften für Heilfasten, Kloster mit Angeboten für Fastenwochen etc. empfehlen dringend, Fastenkuren mit ärztlicher Begleitung und unter Aufsicht

---

3 Die Deutsche Gesellschaft für Ernährung empfiehlt eine tägliche Energiezufuhr von 2.300 Kilokalorien (9.600 Kilojoule) für Männer und 1.800 Kilokalorien (7.500 Kilojoule) für Frauen im Alter von 25 bis fünfzig Jahren.

von Ernährungsspezialistinnen und -spezialisten zu absolvieren. Zudem existieren unzählige Fastenprogramme, wobei spezialisierte Firmen einem anhand eines ausgefüllten Fragebogens zu medizinischen und körperlichen Erhebungsfaktoren und Kennzahlen eine Fastenkur zusammenstellen – für teures Geld, versteht sich. Fühlt man sich gesund, steht man nicht unter Medikamenten, und hat man einen normalen Body-Maß-Index[4], so kann auf teure Fastenkuren unter ärztlicher Kontrolle getrost verzichtet werden. Ein Einstiegstraining von wenigen Fastentagen kann jederzeit im Laufe der ersten Fastenjahre individuell gesteigert werden, bis man sich auf seine individuelle Fastendauer festlegt.

Ein normaler BMI (für Erwachsene: Maßzahl zwischen 18,5 und 24,9) ist erstrebenswert für gute Gesundheit. Liegt der BMI höher und bewegt sich Richtung Übergewicht, steigt das Risiko für verschiedene Krankheiten, unter anderem Bluthochdruck, Diabetes und Herz-Kreislauf-Erkrankungen.

Bei meinem Normalgewicht von 69 Kilogramm und einer Größe von 1,78 Metern habe ich einen BMI von 21,8 ($69/1,78^2$ = 21,777), was im Normalbereich liegt. Während meiner aktiven Zeit als Marathonläufer und Biker in den Schweizer Alpen lag mein BMI regelmäßig unter 22. Bei intensivem Training vor einem Bike- oder Laufmarathon war mein Augenmerk stets auf das Gewicht gerichtet, da ich nicht unter 64 Kilogramm fallen wollte.

---

4 Der Body-Mass-Index (BMI) ist eine Maßzahl zur Bewertung des Körpergewichts eines Menschen in Relation zu seiner Körpergröße im Quadrat, das heißt: BMI = Körpergewicht in Kilogramm/(Körpergröße in Metern)^2. Als Normalgewicht für Erwachsene gilt eine Maßzahl gemäß der WHO zwischen 18,5 und 24,9. Im Web finden sich diverse Rechner für die Ermittlung des BMI.

Gewicht und Blutdruck kontrollieren

Während der Fastenzeit lohnt es sich, täglich sein Körpergewicht und seinen Blutdruck zu messen und eventuell in der
Agenda einzutragen. Liegen diese beiden Werte im üblichen
Bereich, so vermitteln sie ein sicheres und beruhigendes Gefühl während der Fastenzeit. Die beiden Werte sollten immer
zur selben Tageszeit gemessen werden, am besten morgens
nach dem Aufwachen.

Das Gewicht sollte während des Fastens und beim Einhal-
ten des obigen Menüvorschlags regelmäßig fallen, im Schnitt
ca. 300 Gramm pro Tag. Dabei sind tagesabhängige Schwankun-
gen durchaus normal, aber am Ende der Fastenperiode von x
Tagen sollte die Reduktion des Gewichts in etwa x mal 300 Gramm
betragen – dies sind grobe Angaben und beruhen auf eigenen,
mehrjährigen Erfahrungen.

Die Blutdruckwerte liegen während der Fastenzeit leicht
unter den normalen Werten. Auch dies sind eigene Erfahrungen, die ich über eine Zeit von über 35 Jahren gesammelt habe.

*Seit 1986 führe ich regelmäßig Buch über meine Fastenzeit. Zu-
erst trug ich täglich nur das Gewicht in meine Agenda ein, später
folgten noch meine Messwerte für Blutdruck und Puls. Beruhi-
gend ist, dass bei der Gewichtsmessung wie bei der Messung von
Blutdruck und Puls über all die Jahre eine Konstanz zu verzeich-
nen ist. Allerdings waren meine Werte für Gewicht, Blutdruck
und Puls in meinem mittleren Alter etwas besser als heute mit
über siebzig Jahren. Im Januar 2022 habe ich folgende Endwer-
te nach der Fastenzeit gemessen: Gewicht 66,4 Kilogramm, sys-
tolischer Wert (Druck beim Herzschlag) 128; diastolischer Wert
(Druck auf die Gefäße) 74 und Puls 43.*

Nebenerscheinungen

Während der Fastentage kommt immer wieder Müdigkeit auf. Besonders nach der Einnahme der Fastensuppe lohnt es sich, zur Erholung ein kleines Nickerchen einzuschieben. Auch sonst: Kommen tagsüber Müdigkeitsgefühle auf, sollte man sein Tempo drosseln. Langsamer gehen, tief ein- und ausatmen, an die frische Luft gehen, sich ein Power Nap gönnen etc. Die Durchblutung läuft während des Fastens auf Sparflamme. Aus diesem Grund sollte man warme Kleidung tragen oder stets bei sich haben. Nachts lohnen sich Bettsocken oder gar eine heiße Wärmflasche.

Noch etwas: Unangenehme Nebenerscheinungen verfliegen oft, wenn man ätherische Öle für die Körperpflege benutzt, ab und zu ein Räucherstäbchen anzündet oder draußen in der Natur Spaziergänge an der frischen Luft macht und dabei die Sinne offen hält für all die kleinen Wunder am Wegesrand.

Was sich ebenfalls lohnt während der eigentlichen Fastenzeit: Darmsäuberung mit lauwarmem Wasser via After (Darmausgang) alle drei bis vier Tage. Dazu gibt es spezielle Wasserbehälter (Ballon aus Gummi) mit einem konischen Einfüllröhrchen (Kanüle) für den Darm.

Klar, man kann auch das reduzierte Körpergewicht am Ende der Fastenzeit als Nebenerscheinung betrachten. Allerdings stellt sich das Normalgewicht nach ca. 14 weiteren Tagen wieder ein.

Bei mir äußert sich der Gewichtsverlust rein äußerlich: Ich bekomme Wangengrübchen und werde deswegen oft nach meinem Wohlbefinden gefragt. Zudem verschwindet mein Bäuchlein, hier allerdings ohne viel Aufhebens im persönlichen Umfeld. Die Rippen kommen zum Vorschein. Und noch etwas: Die Finger sind dünn und dürr wie in Grimms Märchen Hänsel und Gretel: Hänsel streckt im Käfig anstelle seiner Finger dünne Knochen durchs Gitter, um die Hexe zu täuschen. Nach der Verbrennung der bösen Hexe im Ofen leben Hänsel und Gretel weiter und leiden keinen Hunger mehr.

Hygienevorschläge

Was während der Fastenzeit zu empfehlen ist: eine tägliche Dusche oder ein warmes Bad mit ätherischen Ölen. Falls man regelmäßig warme Bäder genießt, sollte man sich nach dem Bad mit Bodylotion eincremen oder mit Massageöl einreiben, damit die Haut genügend Fett abbekommt.

Zudem lohnt sich das regelmäßige Zähneputzen, obwohl man keine festen Nahrungspartikel finden wird. Wichtig ist außerdem, einmal täglich den Schlack auf der Zunge zu entfernen.

LESSONS LEARNED

1. APPARAT DER VERDAUUNG IN WAIT POSITION
2. EIN DRITTEL ENERGIE WIRD EINGESPART
3. KÖRPERZELLEN WERDEN REGENERIERT
4. FASTEN IST BESTANDES-AUFNAHME ÜBERS EIGENE ICH
5. FASTEN IST MEHR ALS ABNEHMEN

AUFTAUCH PHASE

TEIL IV

AUFTAUCHPHASE –
sanfter Wiedereinstieg in den Alltag

Jetzt kommt der Moment, wo der Frosch ins Wasser springt: Nahrungsaufnahme erlaubt und erwünscht! Dabei gilt aber: suave, suave – oder: sachte, sachte!

Schocktherapie bei Nahrungsaufnahme vermeiden

Der Einstieg in die Wiederaufnahme von fester Nahrung ist und bleibt ein Highlight. Allerdings ist Vorsicht geboten, denn der Verdauungstrakt hat sich eine Auszeit genommen und darf nicht überfordert werden.

Mein Vorschlag für den ersten Tag nach dem Fasten lautet: Erst am Abend mit einem leichten Rohkostteller samt Quark und Knäckebrot beginnen. Dies hat den Vorteil, dass nach dem leichten Abendessen Magen und Darm zwölf oder mehr Stunden lang Zeit haben, ohne Stress das angestammte Verdauungsgeschäft wiederaufzunehmen.

Am nächsten Morgen sollte es gelingen, ein kleines Bällchen Kot ins WC plumpsen zu lassen: Welch Glücksgefühl – die Verdauung funktioniert wieder!

Bei einem vernünftigen Einstieg in die Wiederaufnahme fester Nahrung – siehe Menüplan weiter unten – werden mehr und mehr kleine Klümpchen Kot pro Tag produziert.

Wichtig in dieser Auftauchphase ist und bleibt reichliches Trinken, also Früchtetee, Grüntee, Wasser sowie ab und zu einen selbst gepressten Fruchtsaft aus Orangen oder anderen Früchten genießen.

Ziel sollte sein, erst nach 14 Tagen oder später wieder auf sein Normalgewicht zu kommen. Deshalb: leicht verdauliche

Kost zu sich nehmen und viel trinken. Aber: keine Süßigkeiten und keinen Alkohol konsumieren.

Menüvorschlag für die ersten Auftauchtage

Mein Gourmetmenü für den Einstieg in die Aufnahme fester Nahrung ist seit Jahrzehnten gleich geblieben:

Vollkornknäckebrot, Quark, eine Auswahl an Sprossen (zum Beispiel von Radieschen oder andere), Kresse, Rucola, Cherrytomaten, Gurkenscheiben, Karotten, Kohlrabi- und/oder Fenchelstücke. Dazu Wasser.

Dieses Gourmetmenü sollte man einige Tage beibehalten, eventuell ergänzt um Haferschleimsuppe, Kürbissuppe oder Rote-Bete-Suppe (Borschtsch).

Ich bereite meinen Einstiegs-Rohkostteller mit viel Liebe zu. Auf einem stattlichen Glasteller aus der über 200 Jahre alten Glasi Hergiswil am Vierwaldstättersee arrangiere ich meine Rohkost: Gurkenscheiben mit Schale, zubereitete Pfälzer Rüebli in feine Stücke geschnitten, ein bis zwei Salatherzen roh, Rucola, Cherrytomaten, Sprossen von Radieschen und Quark. Dazu Vollkornknäckebrot. Wow!

Wenig Meersalz und Pfefferkörner auf den Quark mahlen, Limettensaft über das Grünzeug träufeln, eine kleine Quarkportion auf das Knäckebrot streichen und mit Sprossen oder Rucola würzen. Die kleinen Häppchen aus Knäckebrot mit Quarkaufstrich und die zubereiteten Stücke aus Salat, Cherry-Tomaten, Gurken und Karotten alternierend einnehmen und jeweils langsam zerkauen und genießen – oh welche Lust, nur hier, nur hier ist Leben! Dazu immer wieder einen kleinen Schluck aus einem großen Glas mit kaltem Wasser genießen!

Essgewohnheiten umstellen

Nach dem Fasten kommt die wirksamste Zeit, um unliebsame Essgewohnheiten bewusst abzulegen. Dabei kann man freilich nicht alles auf einmal erledigen. Deshalb sollte man für jede Fastenperiode eine Auswahl treffen von zwei bis drei Verhaltensänderungen aus einer Liste von Vorsätzen (To-do-Liste):

- Langsam kauen.
- Langsam essen (Slow Food).
- Mehr Wasser konsumieren.
- Tee ohne Zucker genießen.
- Auf gesundes Essen achten (zum Beispiel mediterrane oder asiatische Küche).
- Am Abend nur leichte Kost zu sich nehmen (Salat, Suppe).
- Rohkost-Runden mit Knäckebrot zwei- bis dreimal wöchentlich einlegen.
- Alkoholkonsum einschränken (nur an Wochenenden, nur zwei- bis dreimal pro Woche, nur bei Vollmond oder anderen Gestirnkonstellationen).
- Pommes frites und Ketchup aus dem Giftschrank entsorgen.
- Langsam trinken und genießen.
- Verzicht auf Nikotin vor oder nach dem Essen.
- Coca-Cola und andere Süßgetränke im Klo runterspülen.
- Persönliche Vorsätze formulieren.

Falls die Fastenzeit einmal pro Jahr eingeplant wird, können wenige Punkte aus der To-do-Liste der angestrebten Essgewohnheiten gezielt in der Auftauchphase als Trainingseinheit angegangen werden. Da die Auftauchphase sinnvollerweise etwa 14 Tage lang dauert, wird die neu antrainierte Essgewohnheit zur Gewohnheit fürs ganze Jahr!

Empfehlung: To-do-Liste nach Priorität ordnen und im Laufe der nächsten Fastenjahre schrittweise umsetzen. Just do it!

Während meines Mathematikstudiums an der ETH in Zürich büffelte ich jeweils intensiv einige Wochen vor den Prüfungen. Dazu trank ich Unmengen von Schwarztee in meiner großen Tasse mit jeweils zwei bis drei Löffeln Kristallzucker. Am Abend war ich jeweils schockiert, wie viel Zucker ich am Tag zu mir genommen hatte. Dann folgte der Crashkurs pur: Zero Sugar Time (ZST)! Plötzlich wurde ich Fan von ZST – und bin es bis heute geblieben.

PS: Seit Jahrzehnten trinke ich keinen Schwarztee mehr und habe ihn zusammen mit meiner damaligen Freundin und heutigen Frau Lydia durch Grüntee ersetzt, denn Schwarztee wird fermentiert (Oxydation) und verliert viele seiner einstigen Vitamine; Grüntee hingegen ist unfermentiert.

Menüplan für die Auftauchphase

Das Ziel für die Aufbauphase lautet schlicht: Jo-Jo-Effekt vermeiden. Einfach gesagt, aber nur mit Mut und Durchhaltevermögen durchzusetzen. Anyway: Am Schluss dankt der Körper mit Wohlbefinden und der Geist mit Klarheit.

In der folgenden Tabelle IV.1 werden drei Vorschläge für Frühstück, Mittagessen und Abendessen als Wahlvarianten exemplarisch vorgestellt. Die Menüwahl ist auf leichte Kost ausgerichtet und lebt der mediterranen und asiatischen Küche nach (vgl. Fleck et al.: Die Ernährungs-Docs – Unser Anti-Bauchfett-Programm; siehe Literaturverzeichnis am Ende des Kapitels).

Morgens	Mittags	Abends
Birchermüsli mit gehackten Leinsamen, Kürbiskernen und griechischem Joghurt	Fisch-Minestrone mit Brokkoli, Kartoffeln und Tomaten	Blattspinat mit Maiskörnern, Garnelen, roten Zwiebeln und Knäckebrot
Weiches Ei mit frisch gepresstem Orangensaft und Schwarzbrot	Wirsing-Rouladen mit Hirse-Füllung und gedämpften Cherrytomaten	Chinesische Reisnudelsuppe mit Ingwer, Shiitake-Pilzen, Gemüse und frischem Koriander
Roher Apfel und Birne mit getrockneter Feige und Vollkornknäckebrot	Blattsalat mit gebratenen Poulet-Streifen, gewendet in Kurkuma; dazu Limetten und Silberzwiebeln	Rote-Bete-Suppe mit Mandelsplittern, Meerrettich und Radieschensprossen

Tab. IV.1 *Menüplan für drei Tage Eintauchphase mit leichter Kost (eigene Darstellung)*

In meiner Gymnasialzeit wurde ich beim Rektor vorstellig und verlangte, dass Knaben ebenfalls das Wahlfach Kochen belegen dürfen. Die Kochlehrerin war begeistert und schlug vor, in einem Pilotversuch Knaben und Mädchen gemeinsam im Kochkurs zu betreuen. Schlussendlich haben sich mein damaliger Freund und ich in dieses Wahlfach eingeschrieben (wir wurden verspottet vom starken Geschlecht).

Doch die Teilnahme hat sich gelohnt: Wir lernten, Spargel zuzubereiten (in den Sechzigerjahren des letzten Jahrhunderts ein Novum auf dem Menüplan vieler Schweizer; der Spargel stammte vom Markt auf dem Rathausplatz in Basel und wurde von den Elsässern angeboten), wir lernten, Irish Stew mit Gemüse, Kartoffeln und Lamm zuzubereiten (das Lamm war mit Fett durchzogen, und die meisten Schülerinnen und Schüler verzichteten auf

den Schmaus), und wir lernten, Porridge zuzubereiten, garniert
mit gedämpften Apfelscheiben und Zimt.

Das Wahlfach Kochen gab mir Unabhängigkeit als Student in einer
Wohngemeinschaft im Niederdorf in Zürichs Altstadt (zwei Stu-
dentinnen, die nicht wussten, woher eine Knoblauchzehe stammt;
drei Studenten mit Kochschürzen und vergoldeten Schöpflöffeln),
später als Musikstudent in Wien bei meiner Zimmervermieterin,
deren Küche ich benutzen durfte, oder ganz einfach auf meinen
Trips mit Trekkingrucksack, Schlafsack und Kocher.

Normalgewicht nach 14 Tagen anstreben

Die Faustregel für die Auftauchphase nach der Fastenzeit lautet: Normalgewicht nach 14 Tagen oder mehr anpeilen. Mithilfe obiger Rezeptempfehlungen und eventuell angepasster Essgewohnheiten sollte das unproblematisch sein. Wichtig dabei:
langsam essen, lange kauen, Nahrungsaufnahme genießen. Außerdem: immer wieder Wasser trinken!

Waist-to-Height-Ratio regelmäßig berechnen

Die Verhältniszahl Waist-to-Height oder Waist-to-Height Ratio (WHtR) vergleicht den Bauchumfang (Waist) gemessen in
Zentimetern mit der Körpergröße (Height) in Zentimetern. Für
unter Vierzigjährige ist ein Wert über 0,5 kritisch, zwischen 40
und 50 Jahren sollte er zwischen 0,5 und 0,6 liegen, ab 50 beträgt der Richtwert 0,6.

Die Kennzahl WHtR wird zur Ergänzung des Body-Mass-Index (BMI) empfohlen, damit das Fett in der Bauchregion besser
mitberücksichtigt werden kann. Zu viel Bauchfett ist für die Gesundheit besonders schädlich: Fettpolster in der Bauchgegend
sind ein Risiko für chronische Krankheiten wie Bluthochdruck,
Herz-Kreislauf-Erkrankungen, Diabetes 2, erhöhten Choleste-
rinspiegel oder Arthrose.

Da der BMI die Fettverteilung im Körper nicht berücksichtigt, kann er durch dem WHtR ergänzt und regelmäßig überprüft werden.

Mit über 70 Jahren, einem Bauchumfang von 83 Zentimetern und meiner Körpergröße von 178 Zentimetern erhielt ich einen WHtR von 0,466 am Ende der Auftauchphase im Januar 2022, was im grünen Bereich liegt. Mein Normalgewicht von 69 Kilogramm war wieder eingestellt und ergab einen Body-Mass-Index von 21,8.

Fleck A., Klasen J., Riedl M., Schäfer S.: Die Ernährungs-Docs – Unser Anti-Bauchfett-Programm. Mit Rezepten von Marina Kittel und Texten von Franziska Pfeiffer. Edel-Verlagsgruppe GmbH, München, 2022.

LESSONS LEARNED

1. FESTE NAHRUNG SACHTE ANGEHEN
2. MIT ROHKOST, QUARK UND KNÄCKEBROT STARTEN
3. ESSENSGEWOHN- HEITEN UMSTELLEN
4. VERZICHT AUF SÜSSES & ALKOHOL WÄHREND AUFTAUCH- PHASE
5. WAIST-TO-HEIGHT RATIO ÜBERPRÜFEN

ERNÄHRUNGSASPEKTE

TEIL V

ERNÄHRUNGSASPEKTE

Meiner persönlichen Meinung nach ist die Frage der richtigen Ernährung eine Grundfrage des menschlichen Daseins, vor allem in den Konsumgesellschaften der westlichen Welt. In Afrika, Südamerika oder Asien hingegen ist die tagtägliche Hauptsorge, ob genügend sauberes Wasser und Nahrung für die Familie oder die Community beschafft werden kann. Mit der fortschreitenden Zerstörung der Umwelt verschärft sich die Kluft zwischen Arm und Reich zusätzlich.

Im Folgenden werden unterschiedliche Ernährungstrends kurz diskutiert, basierend auf aktuellen Forschungsfragen. Am Schluss bleibt die nüchterne Erkenntnis: Naturnahe und gesunde Ernährung, körperliche Betätigung und regelmäßiges Fasten halten Körper und Geist fit.

Zurück zu den Jägern und Sammlern?

Die Steinzeit- oder Paleo[5]-Ernährung erfährt aktuell ein Revival, da sie sich an der Zeit vor der neolithischen Revolution – vor ca. 20.000 Jahren – orientiert, das heißt an der Zeit, bevor Ackerbau und Viehzucht betrieben wurden (siehe „Primitive Man and His Food" von De Vries 1952). Auf dem Menüplan standen damals – und stehen heute – Gemüse, Obst, Beeren, Fisch, Meeresfrüchte, Schalentiere, Fleisch vom Wild, Eier sowie Kräuter,

---

5 Der Begriff Paleo leitet sich vom Paläolithikum ab, das heißt von der Altsteinzeit vor ca. zwei Millionen Jahren.

Pilze, Edelkastanien oder Honig. Verpönt sind Milchprodukte, Getreide oder Alkohol.

Die Steinzeiternährung umfasst die Zeitspanne von vor zwei Millionen bis ca. 20.000 Jahren vor unserer heutigen Zeit. Sie wird vor allem durch die Evolutionstheorie von Charles Darwin gestützt, nach der sich im Laufe der Evolution diejenigen Spezies durchgesetzt haben, die sich am besten an Umweltveränderungen und neue Nahrungsquellen anpassen konnten. Zudem sind die Anhänger der Steinzeiternährung überzeugt davon, dass sich das Erbgut des Menschen seit der Steinzeit nicht wesentlich verändert hat. Damit wird die Steinzeiternährung als „echte" Ernährung des Menschen aufgefasst und dieser nachgelebt. Mit anderen Worten: Unsere heutige Ernährung basierend auf den Angeboten der Nahrungsmittelindustrie entspricht in keiner Weise den Bedürfnissen des Homo sapiens.

Außerdem wird angenommen, dass die heutigen Zivilisationskrankheiten in den Industriestaaten auf eine nicht artgerechte Ernährung zurückzuführen sind. Diese Vermutung ist zwar kaum mit wissenschaftlichen Befunden zu stützen, trotzdem hält sich die Annahme, dass das Risiko für Krebserkrankungen und die Ausbreitung von Allergien mithilfe der Steinzeiternährung reduziert werden können.

Die Frage bleibt: Können wir Hunderttausende von Jahren zurückdrehen und uns als Jäger und Sammler in der technologischen und konsumverfallenen Gesellschaft behaupten?

Bei meinen mehrtägigen Radtouren oder Wanderungen nutze ich meine Kenntnisse über Pflanzen immer wieder für meinen Speisezettel. Ich sammle dann Wurzeln, Pilze, Früchte oder Beeren und esse diese Delikatessen zusammen mit meinem Brotvorrat (Vollkornbrot, trocknet weniger aus und hält länger). Habe ich meinen kleinen Kocher dabei, bereite ich Suppen aus gefundenen Gemüseresten wie Karotten, Kartoffeln oder Lauch zu. Zudem braue ich regelmäßig Tees aus den saftigen Spitzen von Tannenzweigen, jungen Blättern von Walderdbeeren oder getrockneten Blüten der goldgelben Wiesenprimel oder Primula veris (die Blüten

der hellgelben Waldprimel oder Primula elatior haben zu wenig
Kraft und schmecken langweilig). Zweierlei Empfindungen stel-
len sich dann stets ein: Der Duft frisch gepflückter Beeren und
Pflanzen ist einmalig, und die Kräfte wirken wohltuend – die Na-
tur gibt einem alles, was man braucht.

Ist Low Carb die Lösung?

Low Carb bedeutet Low Carbohydrates beziehungsweise wenig
Kohlenhydrate bei der täglichen Nahrungsaufnahme. Damit
läßt sich u. a. das Körpergewicht senken, um auf diese Weise
Stoffwechselerkrankungen vorbeugen zu können. Die täglichen
Mahlzeiten bestehen vorwiegend aus Gemüse, Milchprodukten,
Fisch oder Fleisch. Die wegfallenden Kohlenhydrate sollten da-
bei durch Proteine und Fette ersetzt werden. Allgemein werden
drei Ernährungsregeln unterschieden:

• Ketogene Ernährung[6] mit 0 bis 20 Gramm Kohlenhydraten pro Tag
• Moderate Low-Carb-Ernährung mit 20 bis 50 Gramm Kohlenhydraten pro Tag
• Liberale Low-Carb-Ernährung mit 50 bis 100 Gramm Kohlenhydraten pro Tag

In unseren Breitengraden nehmen Frauen durchschnittlich 220
Gramm Kohlenhydrate pro Tag zu sich, Männer 270 Gramm –
und zwar überwiegend in Form von Zucker. Die Gesellschaft für

---

6 Ketogene Ernährung bedeutet, wenig Kohlenhydrate und dafür mehr
Fette als gewöhnlich zu essen. Dabei produziert die Leber aus den Fetten Ketogene. Ketogene sind Energielieferanten für viele Körperzellen. Diese Ernährung ist teilweise bei Sportlern beliebt und wird oft
als Therapie für Menschen mit Krebs, Hirnleistungsstörungen oder
Alzheimer verschrieben.

Ernährung in Deutschland, in Österreich und in der Schweiz empfiehlt einen Kalorienanteil von Kohlenhydraten in der Nahrung von über 50 Prozent gemäß dem European Journal of Clinical Nutrition, April 2018; DOI 10.1038/s41430-017-0035-4. Es gibt einige Ernährungswissenschaftlerinnen und -wissenschaftler, welche die Low-Carb-Ernährung als Fehlernährung kritisieren. Das Argument: Es handele sich um eine einseitige Ernährung mit vermehrter Aufnahme von Eiweißen und Fetten. Zudem wird vor erhöhtem Risiko für Herz-Kreislauf-Krankheiten oder Krebs gewarnt.

Mit Thermogenese Energie verbrauchen

Braunes Fett oder plurivakuoläres Fettgewebe besitzt Zellen, die durch Oxidation von Fettsäure Wärme erzeugen (Thermogenese). Dies geschieht in zahlreichen Mitochondrien, die für die gelblich-bräunliche Färbung im Fettgewebe sorgen. Braunes Fett ist also wichtig für unsere Gesundheit, denn es verbraucht Energie und wandelt sie in Wärme um (siehe Bartelt 2021).

Thermogenese lässt sich durch Sportaktivitäten und Kälte (!) anregen. So haben Menschen beispielsweise in Sibirien grundsätzlich mehr braunes Fett als Menschen in wärmeren Gefilden. Zudem konnten Forscher mittels Positronen-Emissions-Tomografie an nahezu 2.000 Patienten folgenden Nachweis erbringen: Je höher der Body-Mass-Index ist, desto weniger Aktivität zeigt das braune Fett (Bartelt 2021, S. 125).

Weißes Fett dient dem Menschen als Energiespeicher und kann bis zu 50 Prozent seiner Körpermasse ausmachen. Braunes Fett ist für die Wärmeerzeugung zuständig und beträgt weniger als ein Prozent der Körpermasse. Allgemein wird empfohlen, das Fett vor allem in der Bauchgegend in Schach zu halten (vgl. Waist-to-Height Ratio als wichtige Kennzahl für die Gesundheit in Kapitel IV – AUFTAUCHPHASE). Fettpolster in der Bauchgegend sind ein Risiko für die Entstehung zahlreicher chronischer Krankheiten. Mit gesunder Ernährung und Körperaktivitäten bleibt diese Kennzahl (Waist-to-Height Ratio) im grünen Bereich. Die Grundregel lautet: nur so viele Kalorien zu sich nehmen, wie man verbraucht.

Rücksicht auf die Darmflora nehmen

Gerichte lassen sich aus Salaten, Gemüse, Fisch oder Meeresfrüchten, Geflügel und Fleisch oder vegetarisch zubereiten. Sie munden ausgezeichnet und geben einem Kraft und Lebensfreude. Sie liegen leicht im Magen und der Verdauungstrakt fühlt sich in bester Stimmung (siehe Enders „Darm mit Charme", 2020).

Billionen von Bakterien leben in unserem menschlichen Verdauungstrakt, besonders im Dickdarm. Diese Mikroorganismen wie Probiotika oder Präbiotika, oft Mikrobiom genannt, bilden die natürliche Darmflora. Das Mikrobiom hilft bei der Verwertung von Nahrung und verhindert gleichzeitig, dass sich Krankheiten im Darm ausbreiten. Damit ist es ein wichtiger Bestandteil unseres Immunsystems.

Viele dieser Mikroorganismen kommen in milchsauren Produkten wie Joghurt, Kefir, Buttermilch oder Sauerkraut vor. Eine ausgewogene Ernährung mit Gemüse und Vollkornprodukten kann das Mikrobiom im Gleichgewicht halten. Ballaststoffe, wie sie reichlich in Zwiebeln, Knoblauch, Schwarzwurzeln oder Artischocken vorkommen, sind nicht nur für die Darmflora notwendig, sondern auch nützlich fürs Herz.

Kalorienreduzierte Mischkost

Unter energiereduzierter oder kalorienarmer Mischkost werden pflanzliche und tierische Produkte verstanden, die für eine gesunde und ausgewogene Ernährung sorgen und pro Tag einer Energiezufuhr von ca. 5.000 Kilojoule entsprechen. Damit soll sich der Mensch an der Vielfalt natürlicher Früchte und Gemüsesorten, an Milchprodukten, Schwarzbroten sowie Fleisch, Geflügel und Meerestieren erfreuen.

Die kalorienarme Mischkost erfordert eine veränderte Lebensmittelauswahl, da der Schwerpunkt hier auf energiearmen Lebensmitteln liegt. Wichtig sind frisches Obst und Gemüse, am besten roh verzehrt. Damit nimmt der Körper Ballaststoffe, Vitamine, Minerale und weitere Pflanzenstoffe auf. Zudem stehen Vollkornprodukte oder Kartoffeln hoch im Kurs, um neben Vitaminen, Ballaststoffen und Mineralstoffen auch Eiweiß aufzunehmen. Gemieden werden sollten hingegen Produkte der Lebensmittelindustrie wie weißes Mehl (Auszugsmehl), Zucker oder stark gezuckerte Lebensmittel, da diese nicht lang anhaltend sättigen und einer gesunden Ernährung zuwiderlaufen.

Empfohlen wird ein geringer Verzehr von tierischen und eiweißreichen Lebensmitteln, um die darin enthaltenen Fette im Griff zu halten. Der Salzkonsum sollte gedrosselt und stattdessen Kräuter und andere Gewürze verwendet werden.

Wichtig ist außerdem eine ausreichende Zufuhr von Flüssigkeit, vor allem in Form von Wasser oder ungesüßten Tees, damit die Stoffwechselprodukte der abgebauten Lebensmittel ausgeschieden werden können.

Es gibt unzählige Bücher über gesunde Ernährung. Hier sollen einige wenige erwähnt und kurz charakterisiert werden:

- Petra Bracht ist Fachärztin für Allgemeinmedizin und Naturheilkunde und hat zusammen mit dem Biochemiker und Ernährungswissenschaftler Claus Leitzmann ein Buch über gesunde Ernährung verfasst (2021). Darin führen sie auf, welche Lebensmittel gesund sind, welche Nährstoffe Menschen benötigen und welche Zivilisationskrankheiten mit der richtigen Ernährung eingedämmt oder vermieden werden können.
- Hellmut Lützner war Facharzt für Innere Medizin und Fastenarzt, er leitete die Klinik Kurpark in Überlingen als Fachklinik für ernährungsbedingte Krankheiten. Sein Werk „Wie neugeboren durch Fasten" (2019) ist eine Anleitung fürs

Fasten. Es enthält konkrete Tagespläne vom Entlastungstag über die Fastentage bis hin zum Kostaufbau.

- Andreas Michalsen ist Professor für Klinische Naturheilkunde und befasst sich mit Ernährungsmedizin, Heilfasten und Mind-Body-Medizin. In seinem Werk „Mit Ernährung heilen – Besser essen. Einfach fasten. Länger leben" (2021) plädiert er für eine gesunde Ernährung und einfaches Fasten, damit chronische Krankheiten durch die Selbstheilungskräfte des Menschen eingedämmt werden können.

Wenn es darum geht, auf einfache Art und Weise Rezepte für gesunde Ernährung beziehungsweise für kalorienarme Gerichte kennenzulernen, kann man sich ebenfalls mit vielen Büchern eindecken. Drei sollen hier exemplarisch vorgestellt werden:

- Anne Fleck, Jörn Klasen, Matthias Riedl und Silja Schäfer sind ausgewiesene Fachärztinnen und Fachärzte für moderne Ernährungsstrategien. Die vier Ernährungs-Docs helfen mit ihrem Werk „Die Ernährungs-Docs – Unser Anti-Bauchfett-Programm" (2022), ein paar überschüssige Pfunde loszuwerden. Mit ihrer Ernährungsstrategie wollen sie chronischen Krankheiten wie Diabetes, Bluthochdruck und Herz-Kreislauf-Störungen begegnen. Ergänzt wird der Ratgeber durch Rezepte zur gesunden Ernährung.
- Das Buch zu kalorienarmen Gerichten von Reader's Digest (2018) enthält 500-Kalorien-Rezepte für Suppen und Salate, Geflügel und Fleisch, Fisch und Meeresfrüchte sowie vegetarische Gerichte, inklusive leicht verdaulicher Vorspeisen und Desserts. Pro Rezept werden die entsprechenden Kilokalorien einschließlich Gewichtsangaben in Gramm zu Eiweiß, Kohlenhydraten, Fett oder Ballaststoffen aufgeführt.
- „Iss Dich gesund" ist ein weiteres Handbuch von Reader's Digest (2017) für gesunde Ernährung. Es enthält Informationen zu den häufigsten Krankheiten und Beschwerden unserer Zeit sowie zu den wichtigsten Nahrungsmitteln. Daneben werden gesundheitsfördernde Wirkungen wichtiger

Lebensmittel beschrieben und zahlreiche Rezepte inklusive Getränke für gesundes Essen vorgeschlagen.

Eine kalorienarme Ernährung sorgt nicht nur für ein Normalgewicht (siehe Body-Mass-Index in Kapitel III – FASTENPHASE respektive Waist-to-Height-Ratio in IV – AUFTAUCHPHASE), sondern beugt auch ernährungsbedingten Krankheiten wie Übergewicht, Diabetes, Arthrose, zu hohem Cholesterinwert, Gicht, Bluthochdruck oder Herz- und Hirninfarkt vor.

Ehrlich gesagt: Ich bin zwar Mathematiker und liebe Zahlen – vor allem Primzahlen, die nur durch eins und sich selbst teilbar sind – über alles. Aber Erbsen beziehungsweise Kalorien zählen ist für mich ein No-Go: Ich habe noch nie in meinem Leben Buch geführt über die Aufnahme von Kalorien – und werde es auch weiterhin nicht tun.

Einverstanden: Auf meinem Hometrainer messe ich regelmäßig meine verbrannten Kalorien in Kilojoule, falls ich der Meinung bin, ich müsste mich gewichtsmäßig wieder ins Lot bringen. Oder noch besser: Ich hole mein Bike aus dem Keller und radle in Rain bei Luzern los über die Seitenmoräne des Reussgletschers, der im Gotthardmassiv der Schweizer Alpen entsprungen ist, bis zum Sendeturm Beromünster. Meine Kurzstrecke ist ca. 30 Kilometer lang, meine Durchschnittsgeschwindigkeit beträgt 18,44 Kilometer/Stunde, mein Energieverbrauch liegt bei 961 Kilojoule, der Aufstieg beträgt 420 Höhenmeter, die maximale Geschwindigkeit 51 Kilometer/Stunde, und nach ca. 1,5 Stunden bin ich wieder zurück (zu den Aufzeichnungen: Meine Tochter Ramani hat mir am 21. April 2020 ihren persönlichen Garmin-Fahrrad-Computer mit GPS und allem Schnickschnack ausgeliehen, da ich im Normalfall ohne Messgeräte oder Bordcomputer radle).

Ernährungspyramide

Ernährungspyramiden sind Orientierungshilfen, damit man sich gesund und abwechslungsreich ernähren kann. Sie veranschaulichen grafisch, wie viele Portionen aus welcher Lebensmittelgruppe man täglich essen sollte (Abb. V.1).

Abb. V.1 *Adaptierte Ernährungspyramide des Bundeszentrums für Ernährung*[7]*: Was und wie viel soll ich pro Tag trinken und essen?*

---

7 https://www.bzfe.de/einfache-sprache/die-ernaehrungspyramide-1/, abgerufen am 17. Januar 2022.

Die Farben der Ernährungspyramide sollen an ein Ampelsystem erinnern: Lebensmittel im grünen Bereich können reichlich verzehrt werden, Gelb bedeutet „mit Maß" und Rot heißt „Vorsicht!".

Die adaptierte Ernährungspyramide zeigt 29 Portionen für einen Tag, verteilt über zwei bis drei Mahlzeiten. Von unten nach oben kann sie wie folgt interpretiert werden, beginnend mit einem vierschichtigen Sockel, dessen Portionen allesamt im grünen Bereich liegen:

- Gemäß unterster Schicht sieben Portionen plus gemäß zweitunterster Schicht sechs Portionen beziehungsweise 13 Gläser Getränke insgesamt pro Tag zu sich nehmen (Vorsicht: Süßgetränke gehören auf die oberste Stufe ROT mit nur einer Portion!).
- Fünf Portionen Gemüse, Salat oder Obst (ein Apfel oder eine Birne entspricht einer Portion, formt man aus beiden Händen eine Schale, erhält man das Maß für eine Portion Salat, Beeren oder Gemüse; ein Glas Gemüse- oder Fruchtsaft entspricht einer Portion).
- Vier Portionen Brot (eine Portion heißt eine fingerdicke Scheibe Brot), Getreide oder Beilagen (eine Portion entspricht einer Händeschale gefüllt mit Getreide, Reis, Nudeln oder Kartoffeln). Sorry: Pommes frites und Ketchup stehen zuoberst auf der Pyramide. Vorsicht: Auch gezuckerte Cornflakes oder Müsliriegel gehören auf die oberste Stufe ROT der Ernährungspyramide!

Im gelben Bereich lautet die gesunde Ernährungsregel 3:1, das heißt drei Portionen Milch oder Milchprodukte und eine Portion Fleisch oder Fisch:

- Drei Portionen Milch oder Milchprodukte wie Käse, Joghurt oder Kir.
- Eine Portion Fleisch, Wurst, Fisch oder Ei (eine Portion Fisch oder Fleisch entspricht der Größe des eigenen Handtellers).

Das bedeutet: Fleisch, Wurst und Eier mit Maß genießen. Oder den Fisch in der Fischsuppe verspeisen, mit Gemüse und Kartoffeln.

Nun zum roten Bereich der Ampel:

- Zwei Portionen beziehungsweise zwei Esslöffel Öle oder Fette.
- Eine Portion Extras wie Süßigkeiten, Snacks oder Alkohol (ein Bier oder ein Glas Wein oder ein Digestif).

Da ich Fan von kaltgepresstem Olivenöl bin, gebe ich meinen Geheimtipp an dieser Stelle preis: Einen Fingerhut Olivenöl (native oder vergine) in eine kleine Schale gießen und einige Körner Fleur de Sel (natürliches Meersalz) dazugeben. Zum Aperitif mit dunklem Brot genießen. Wow! Dafür später den Salat einfach roh essen. Nochmals: Wow!

Die anschauliche Ernährungspyramide hilft, auf das tägliche Kalorienzählen zu verzichten und sich trotzdem gesund und ausgewogen zu ernähren. Für Freaks, die sich gerne nach Kennzahlen richten, bietet das Bundeszentrum für Ernährung die App „Was ich esse" an: Man erfasst, was man täglich isst oder trinkt, und die App sortiert die Nahrungs- und Flüssigkeitsaufnahme in die entsprechenden Nahrungsmittelgruppen der Pyramide. So wird ersichtlich, was gut läuft und was verbessert werden könnte. Zudem erinnert die App einen an gesundes Verhalten oder stellt eine Wochenübersicht zusammen.

Nach meiner persönlichen Auffassung und Erfahrung sollte man die Basis der Pyramide wie in Abbildung V.1 breiter abstützen, das heißt mit zwei Fundamentschichten à sieben plus sechs Portionen Getränke, also 13 Portionen Getränke (eine Portion entspricht einem Glas à zwei Deziliter Wasser oder ungesüßtem Tee). Dabei kann ich gar nicht genug betonen, dass man pro Tag zwei bis drei Liter Wasser zu sich nehmen sollte – wenn man sportlich unterwegs ist, sogar drei bis vier Liter!

An dieser Stelle möchte ich ein beeindruckendes Erlebnis zur Bedeutung der Wasseraufnahme anbringen. Am 8. September 2012 lief ich den legendären Jungfrau-Marathon mit 42,195 Kilometern Länge und 1.829 Höhenmetern aufwärts und 305 Höhenmetern abwärts. Man erreicht den höchsten Punkt der Laufstrecke bei ca. Kilometer 41 auf 2.205 Metern ü. M. Es war ein sonniger Septembertag mit blauem Himmel und beeindruckender Kulisse. Man startet in Interlaken bei 565 Metern ü. M. und gelangt nach einem flachen Halbmarathon mäßiger Steigung nach Lauterbrunnen auf 812 Meter ü. M. Danach beginnt der eigentliche Bergmarathon mit den meisten Höhenmetern, denn man steigt via Wengen (Laufmarke 30 Kilometer mit 1.283 Metern ü. M.) ans Ziel auf der Kleinen Scheidegg (2.095 Meter ü. M.) vor dem Dreigestirn des Jungfraumassivs mit Eiger, Mönch und Jungfrau! Nun zu meinem Schockerlebnis: Bei all meinen Bike- oder Laufmarathons hatte ich noch nie so viele kollabierte Sportlerinnen und Sportler gesehen wie beim Jungfrau-Marathon. Grund: heißer Septembertag, Verzicht auf Kopfschutz, zu geringe Flüssigkeitsaufnahme.

Essgewohnheiten

Essgewohnheiten sind stereotypische Verhaltensweisen bei der Nahrungsaufnahme, von denen es eine ansehnliche Anzahl gibt, so zum Beispiel:

- Vegetarismus – Verzicht auf tierische Produkte
- Veganismus – ausschließlich pflanzliche Lebensmittel
- Lacto- (Verzicht auf Fleisch, Fisch und Ei) oder Ovo-Vegetarismus (Verzicht auf Fleisch und Fisch)
- Flexitarismus oder Teilzeitvegetarismus
- Low-Carb – drastische Einschränkung der Kohlenhydrataufnahme
- Paleo-Ernährung – Verzicht auf industriell verarbeitete Lebensmittel, keine Milchprodukte, kein Getreide, kein Alkohol

Aber weshalb kriecht man in eine Schublade? Ist das eine Wohlstandserrungenschaft? Ist das ein Hype? Weshalb sich nicht einfach gesund und mit Maß ernähren? Und viel Wasser trinken?

Zu meinem alljährlichen Geburtstag durfte ich mir als Knabe jeweils das Geburtstagsmenü wünschen. Diesbezüglich war und bleibe ich ein Langweiler: Meine Menüwahl zum Geburtstag war und ist immer „Suppe mit Spatz" oder auf Deutsch: Gemüsesuppe mit Siedfleisch. Dabei bereitete meine Mutter die Suppe jeweils vor und servierte diese als ersten Gang, zum zweiten Gang gab's das gekochte Gemüse – Karotten, Sellerie, Lauch, Zwiebeln und Tomaten – mit sauren Erdäpfeln – gekochte Kartoffelscheiben angerichtet mit Béchamelsauce und Zitronensaft samt Kreuzkümmel – sowie dem Siedfleisch garniert mit einer Konfitüre aus sauren Kirschen. Ich kann es nicht verheimlichen: Ich bin und bleibe ein Suppenliebhaber!

Nachhaltige Ernährung

Für nachhaltige Ernährung gibt es einige einfache Regeln zu beachten: Fleischkonsum und tierische Produkte reduzieren und grundsätzlich auf alle eingeflogenen Lebensmittel verzichten. Genießen wir regionale und saisonale Gemüsesorten und Früchte, haben wir die Chance auf eine nachhaltige Entwicklung unserer Umwelt in allen Erdteilen. Außerdem sollte man im Winter kein Gemüse aus beheizten Gewächshäusern kaufen, denn die Umweltbelastung ist bei diesen Produkten besonders hoch. Tiefkühlprodukte wären eine gute Alternative. Oder noch besser: Wintergemüse wie Rotkohl, Sauerkraut, Rote Bete, Lauch, Sellerie, Kartoffeln usw. als Suppen oder Gemüsegerichte (Eintopf) zubereiten und genießen.

Noch etwas zur Klimabilanz von Nahrungsmitteln (siehe Berners-Lee 2021): ein Liter Leitungswasser hat eine Klimabilanz von 0,4 Gramm CO_2-Ausstoß, ein Liter Wasser aus einer PET-Flasche 400 Gramm, ein Apfel lokal und saisonal 32 Gramm, ein

Apfel importiert außerhalb der Saison und gekühlt 290 Gramm, eine Schale Erdbeeren saisonal und regional 490 Gramm, eine Schale Erdbeeren eingeflogen aus Südafrika 3.650 Gramm, ein Kilogramm Karotten lokal und saisonal 280 Gramm, ein Kilogramm Spargel regional und saisonal 1.100 Gramm, ein Kilogramm Spargel per Luftfracht aus Peru 18.500 Gramm, 200 Gramm Shrimps hat 9.000 Gramm CO_2-Ausstoß, 190 Gramm Rindfleisch von Tieren aus Südamerika von einer Herde aus abgeholztem Land 25.000 Gramm, ein Kilogramm Brot regional hergestellt 1.100 Gramm oder ein Kilogramm Reis aus Asien verschifft weist 3.800 Gramm CO_2-Ausstoß auf. Braucht es hier noch weitere Erklärungen zum Schutz unseres Lebensraums für künftige Generationen?

Keine Verbote

Bei gesunder Ernährung gibt es keine Ess- und Trinkverbote! Süßgetränke, Alkohol oder Schokolade gehören einfach nur auf die oberste Stufe der Ernährungspyramide, und man bewegt sich mit ihrem Verzehr in der roten Zone. Es spricht nichts dagegen, diese Getränke und Kalorienbomben mit Freude und Maß zu genießen, ganz nach dem Motto: Weniger ist mehr!

Bartelt A.: Der Fettversteher – Wie wir unser gutes Fett aktivieren, um unser schlechtes zu verlieren. Ullstein Buchverlage GmbH, Berlin, 2021.

Berners-Lee M.: Wie schlimm sind Bananen? Der CO_2-Abdruck von allem. Midas Verlag AG, Zürich 2021.

Bracht P., Leitzmann C.: Klartext Ernährung – Die Antworten auf alle wichtigen Fragen, wie Lebensmittel vorbeugen und heilen. Wilhelm Goldmann Verlag, München, 2021.

De Vries A.: Primitive Man and His Food. Chandler Book Company. Chicago, 1952.

Enders G.: Darm mit Charme – Alles über ein unterschätztes Organ. Ullstein Buchverlage GmbH, Berlin 2020.

Fleck A., Klasen J., Riedl M., Schäfer S.: Die Ernährungs-Docs –
Unser Anti-Bauchfett-Programm. Mit Rezepten von Martina Kittler und Texten von Franziska Pfeiffer. Edel-Verlagsgruppe GmbH, München, 2022.

Lützner H.: Wie neugeboren durch Fasten. Gräfe und Unzer Verlag GmbH, München, 2019.

Michalsen A.: Mit Ernährung heilen – Besser essen. Einfach fasten. Länger leben. Neues Wissen aus Forschung und Praxis. Insel Verlag, Berlin, 2021.

Reader's Digest: Lecker-leichte 500-Kalorien-Rezepte – Kalorienarme Gerichte zum Abnehmen. Verlag Reader's Digest das Beste GmbH, Wien, 2018.

Reader's Digest: Iss dich gesund. Verlag Reader's Digest das Beste GmbH, Stuttgart, 2017.

LESSONS LEARNED

1. ERNÄHRUNG ALS JÄGER & SAMMLER

2. VORSICHT MIT LOW-CARB

3. BRAUNES FETT NUTZEN

4. FÜR DARMFLORA SORGEN

5. ERNÄHRUNGS-PYRAMIDE BEACHTEN

6. KALORIENARME MISCHKOST GENIESSEN

KÖRPERÜBUNGEN

TEIL VI

KöRPERüBUNGEN

Während des Fastens und auch darüber hinaus ist es wichtig, sich ganzheitlich fit zu halten. Mit täglichen kurzen Körper- und Atemübungen befreit man Körper und Geist von Stress und bringt sich selbst ins Lot. Aus der Vielfalt an Möglichkeiten greife ich hier zwei bedeutende Gesundheitsansätze heraus, nämlich Qigong aus China, das mit der Lebensenergie arbeitet, und Yoga aus Indien, das Einheit und Harmonie für Körper und Geist anstrebt.

Qigong

Qigong bedeutet so viel wie Arbeit (Gong) mit der Lebensenergie (Qi). In der chinesischen Philosophie sowie in der Traditionellen Chinesischen Medizin geht es darum, die Kraft des Körpers durch Bewegung, Atmung und Energie zu stärken. Oder mit anderen Worten: Es geht um Stärkung der Lebensenergie.

Qigong mobilisiert die Selbstheilungskräfte und hilft, energetische Blockaden in Körper und Geist zu lösen. Im Zentrum stehen langsame Körperbewegungen mit ruhiger Atmung, um den Körper zu entspannen und den Geist zu fokussieren (siehe Yuan 2019). Die Körper- und Atemübungen werden meist im Stehen oder im Sitzen ausgeführt, einige auch im Gehen oder im Liegen. Unabhängig von Alter und Geschlecht kann sich jeder Mensch einige dieser Übungen aneignen, um die inneren Energieflüsse anzuregen und sich in Balance zu bringen.

Abb. VI.1 *Die fünf Elemente des Qigong (eigene Darstellung)*

Gemäß Abbildung VI.1 unterscheidet Qigong fünf wichtige Elemente, die untereinander in Beziehung stehen und sich gegenseitig beeinflussen, in der Natur wie im Menschen selbst, nach eigener Interpretation:

- Wasser: Kraft der Regeneration (hear – hören)
- Holz: Symbol für Wachstum (see – sehen)
- Feuer: Klarheit des Bewusstseins (speak – sprechen)
- Erde: Zentrum der Fruchtbarkeit (taste – schmecken)
- Metall: Zeit des Rückzugs (smell – riechen)

Es gibt ein großes Angebot an Literatur, Kursen oder Videos zum Selbststudium von Qigong. Im Folgenden greifen wir ein Buch über Qigong für Anfänger heraus: den Leitfaden von Thomas Methfessel (2016). Dieses Werk beschreibt kurz die Geschichte des Qigong, erläutert seine Grundlagen und bietet erste einfache Übungen für den Alltag.

Am besten beginnt man gleich mit fünf einfachen Übungen zu den fünf Elementen Wasser, Holz, Feuer, Erde und Metall. Dazu empfehle ich die kostenlose fünfteilige Videosequenz für Anfänger von Wolfgang Steme (https://www.youtube.com/watch?v=SiRl8Dxbfbc).

Der Aufbau des menschlichen Körpers mit all seinen Systemen und Organen ist im Herausgeberwerk von Cheers (2020) grafisch dargestellt und beschrieben.

Yoga

Yoga ist ein Wort aus dem indischen Sanskrit und bedeutet Einheit und Harmonie, beruhend auf meditativen Körper- und Atemübungen. Lehre, Philosophie und Praxis von Yoga sind so vielfältig wie das Leben selbst: Man möchte dem Kreislauf aus Tod und Wiedergeburt entkommen und zur Quelle des seelischen Ursprungs vordringen. Oder anders ausgedrückt: durch Meditation eins werden mit dem Bewusstsein.

Yoga-Techniken zielen darauf ab, Körper, Geist und Seele in Einklang zu bringen. Mit Körper- und Atemübungen wird eine verbesserte Vitalität mit innerer Gelassenheit angestrebt. Im zeitgenössischen Yoga der westlichen Welt praktiziert man die Übungen unabhängig von Weltanschauung und Religion.

Meditative Yoga-Techniken sollen die persönliche Aufmerksamkeit schulen.

Julie Dumoulin gibt in ihrem Werk „Express Workouts Yoga" (2020) eine Yoga-Anleitung für 50 Übungsreihen zu Beweglichkeit, Kraft, Entspannung und Balance. Die einzelnen Einheiten oder Workouts richten sich an Einsteiger ebenso wie an Fortgeschrittene.

Ausprobieren statt Sinnieren: Eine Anleitung für Yoga-Anfänger gibt Adriene Mishler (https://www.youtube.com/watch?v=v7AYKMP6rOE). Im Zentrum dieses 20-minütigen

Einstiegs in die Welt des Yoga stehen Atemtechnik und innere Ruhe.

Vor Jahren habe ich mir angewöhnt, morgens mit Qigong- und Yoga-Übungen sanft in den Alltag einzusteigen. Während meiner aktiven Arbeitszeit beschränkten sich die Körper- und Atemübungen auf zehn bis 15 Minuten. Seit meiner Pensionierung dauern meine Übungen für Körper und Geist 20 bis 30 Minuten. Natürlich nehme ich mir auch im Alltag zwischendurch immer wieder Zeit, einige Dehnungs-, Meditations- oder Atemübungen zu machen, etwa beim Warten auf den Bus, auf dem WC oder beim Treppensteigen.

Meine Frau Lydia hat mir vor Jahrzehnten eine eingerollte Therapiefellmatte geschenkt. Diese rolle ich meistens nach dem Mittagessen für ein kleines Power Nap (Gesundheitsnickerchen) aus. Nach dem Aufwachen gönne ich mir einige kurze Dehnungs-, Gleichgewichts- und Atemübungen.

Achtsamkeit

Achtsamkeit (engl. mindfulness) bedeutet, den gegenwärtigen Moment bewusst wahrzunehmen. Oft sind wir gedanklich nicht im Hier und Jetzt, denn unser Geist kreist kontinuierlich umher. Fokussieren wir unsere Wahrnehmung auf unser augenblickliches Tun oder Nichtstun, steigern wir unsere Lebensqualität und bauen wir Stress ab.

Die folgenden vier Aspekte der Achtsamkeit stehen im Vordergrund:

- Achtsamkeit auf den Körper
- Achtsamkeit auf Gefühle
- Achtsamkeit auf den Geist
- Achtsamkeit auf Objekte des Geistes (Abstraktionen, Konzepte, Fiktionen)

Sowohl Qigong als auch Yoga helfen, achtsamer zu werden. Allerdings kann Achtsamkeit auch in Bewegung erreicht werden. So beschreibt Sakyong Mipham in seinem Buch „Running with the Mind of Meditation" (2012), wie er beim Laufen den vier Aspekten der Achtsamkeit gerecht werden kann.

Cheers G. (Hrsg.): Atlas des menschlichen Körpers – Bau und Funktion. Librero, Kerkdriel, 2020.

Dumoulin J.: Express Workouts Yoga – Die 50 besten Übungsreihen. riva Verlag, München, 2020.

Methfessel T.: Qigong für Anfänger – Illustrierte Einführung in Theorie und Praxis der chinesischen Gesundheitsübungen. Shaker Media GmbH, Aachen, 2016.

Mipham S.: Running with the Mind of Meditation – Lessons for Training Body and Mind. Harmony Books, New York, 2012.

Yuan H. L.: Qi Gong – Der heilige Weg. F. A. Herbig Verlagsbuchhandlung GmbH, Stuttgart 2019.

LESSONS LEARNED

* ARBEIT MIT LEBENS-
ENERGIE LOHNT SICH
* BALANCE MIT WASSER,
HOLZ, FEUER, ERDE
& METALL ANSTREBEN
* DURCH MEDITATION
EINS WERDEN MIT
DEM BEWUSSTSEIN
* TIEF ATMEN FÜR
VITALITÄT & GELASSEN-
HEIT
* ACHTSAM BLEIBEN

GEDANKENREISEN

TEIL VII

GEDANKENREISEN

Das Fasten – wie es hier in diesem Fachbuch verstanden wird – ist immer eine Entdeckungsreise für Körper und Geist. Da man bewusst auf die Aufnahme fester Nahrung verzichtet und den Verdauungstraktus ruhen lässt, werden Energien frei, um sich besser kennen zu lernen. Nach dem Teil VI zu Körperübungen folgt nun der Teil VII zu möglichen Geistesübungen.

Unter Meditation (Denken, Sinnen, Mitte finden) versteht man Übungen des Geistes, die von Menschen in verschiedenen Traditionen seit Jahrtausenden praktiziert werden. Solche Gedankenreisen sind oft eine Suche nach Wahrheit. Doch was ist Wahrheit? Dazu sollen im Folgenden einige Denkansätze aus Philosophie und Mathematik vorgestellt werden.

Die vier edlen Wahrheiten

Die vier edlen Wahrheiten in der Metaphysik[8] des Buddhismus folgen einer medizinischen Evaluation mit den vier Stufen Leiden, Ursache, Prognose und Heilung (Dalai Lama 2014):

- Die erste edle Wahrheit ist Dukkha. Dukkha bedeutet in Sanskrit so viel wie „schwer zu ertragen". Schwer zu Ertragendes kann Leid, Unzufriedenheit, Stress oder Frustration bedeuten. Jeder Mensch kennt derartige Gefühle.

---

8 Die Metaphysik ist eine Grunddisziplin der Philosophie und befasst sich mit dem Sein als Sein.

- Die zweite edle Wahrheit ist Trishna. Sie widmet sich den Ursachen des schwer zu Ertragenden, dem Durst, der Sehnsucht und dem Begehren. Reflexion oder Meditation über Trishna ist bedeutend für das menschliche Leben, um Körper und Geist gesund zu erhalten.
- Die dritte edle Wahrheit ist das Loslassen des Verlangens. Ist man sich der Ursachen des Leidens bewusst und kann man sich davon befreien, erlangt man das Nirwana (Austritt aus dem Kreislauf des Leidens).
- Die vierte edle Wahrheit beschreibt den Weg, der zur Befreiung von dem schwer zu Ertragenden führt. Mit Weisheit, Sittlichkeit und Konzentration leitet der Weg der Mitte, der Extreme vermeidet, zum Ziel.

Das Leben im Kreislauf des Daseins ist oft mit Leid verbunden. Als Ursachen gelten unter anderem Gier, Hass oder Verblendung. Gelingt es uns, diese Ursachen zu beheben, verschwindet das Leid mithilfe des achtfachen Pfades: Einsicht, Gesinnung, Rede, Handlung, Lebenserwerb, Anstrengung, Achtsamkeit und Konzentration.

Die fünf Ecken des Catuskoti

Der buddhistische Mönch Nagarjuna entwickelte das Catuskoti als Urteilsvierkant in der indischen Philosophie. Bei uns wird dieser Denkansatz oft als Tetralemma bezeichnet, da ein Tetraeder vier Ecken aufweist. Die vier Ecken entsprechen der Wahrheitsfindung:

- Wahr und nur wahr
- Falsch und nur falsch
- Sowohl wahr als auch falsch
- Weder wahr noch falsch

Später wurde die Logik des Catuskoti um eine fünfte Option erweitert: Keine der vier Wahrheitsoptionen des Tetralemmas trifft zu (Priest 2018).

In der indischen Rechtsauffassung wurde die Urteilsfindung nach dem Tetralemma vorgenommen. Man wollte damit den Prozess der Rechtsprechung und die simple Folgerung „Der eine hat recht, und somit hat der andere unrecht" differenzierter hinterfragen. Das Urteilsvierkant gibt eine Anleitung, ob einem Angeklagten eine Tat zugesprochen, abgesprochen, zugesprochen und abgesprochen respektive weder zugesprochen noch abgesprochen werden kann, oder ob keine der vier Optionen des Tetralemmas zutrifft.

Tertium Non Datur

Das Prinzip vom ausgeschlossenen Dritten (lat. tertium non datur) ist ein logisches Grundprinzip. Es sagt aus, dass für eine beliebige Aussage nur die Aussage selbst oder ihr (komplementäres) Gegenteil gelten kann. Damit gibt es kein Drittes, das gelten kann.

Schon die griechischen Philosophen stritten um den Begriff der Unschärfe bei der Wahrheitsfindung: Während Aristoteles (384–322 v. Chr.) Aussagen im Sinne der damaligen Mathematik in „Wahr" und „Falsch" unterteilte, vermutete Platon (428/427–348/347 v. Chr.) zwischen den beiden Wahrheitsbegriffen noch einen dritten Wahrheitsbereich.

Aristoteles formulierte zwei bedeutende Axiome zur Entwicklung der klassischen Logik, nämlich das Prinzip des ausgeschlossenen Dritten sowie das Prinzip der Bivalenz. Bivalenz heißt Zweiwertlogik und impliziert Dichotomie: Ein System, eine Struktur oder ein Sachverhalt kann in zwei Teile gegliedert werden, zwischen denen es keine Schnittmenge gibt. Begriffe können einander ergänzen (komplementäres Begriffspaar, zum Beispiel: Eine Münze hat entweder die Ausprägung Kopf oder die Ausprägung Zahl, etwas Drittes gibt es nicht), oder ein Begriff lässt sich in zwei Teilbegriffe gliedern (zum Beispiel: Ganze Zahlen bestehen aus geraden Zahlen und aus ungeraden Zahlen, etwas Drittes gibt es nicht).

Die klassische Logik folgt dem Prinzip der Dichotomie und lässt neben „Wahr" und „Falsch" keine weiteren Wahrheitswerte zu. Sie wurde im 19. Jahrhundert von George Boole (1815–1864) und weiteren Mathematikern in algebraischer Form ausgedrückt, mit den bekannten Operatoren UND, ODER und NICHT.

Jede klassische Menge lässt sich mit der charakteristischen Funktion χ beschreiben, welche als Werte nur 0 für „Falsch" und 1 für „Wahr" annehmen kann (vgl. Abb. VII.1 mit Teenagerdefinition basierend auf einer klassischen Menge). Die boolesche Algebra kennt demnach nur die beiden Werte $\{0,1\}$ auf dem Einheitsintervall mit den Verknüpfungen der Konjunktion, Disjunktion und Negation.

Unscharfe Logik

Die unscharfe Logik (engl. fuzzy logic) wurde in den Sechzigerjahren des letzten Jahrhunderts von Lotfi Zadeh (1921–2017) erfunden und erfolgreich zur Steuerung in der Fahrzeug- und Regelungstechnik, in der Unterhaltungselektronik sowie in weiteren Industrieanwendungen eingesetzt. Unscharfe Mengen sind Mengen, bei welchen man die Zugehörigkeit der Elemente zur Menge mit einer Zugehörigkeitsfunktion μ (engl. membership function) misst, die Werte auf dem Einheitsintervall [0,1] annehmen kann (Zadeh 1965). Somit erweitert man eine klassische Menge von Elementen, indem man jedem Element noch sein Zugehörigkeitsmaß zur Menge mitgibt (vgl. Abb. VII.1 mit Teenagerklasse als unscharfe Menge).

Die unscharfe Logik entspricht der menschlichen Wahrnehmung: Sie kann unsichere Sachverhalte und vage Aussagen im Entscheidungsprozess mitberücksichtigen. Ein weiterer Vorteil basiert auf der Tatsache, dass sie neben quantitativen

Entscheidungsgrundlagen qualitative Einschätzungen sowie nichtmonetäre Größen einzubeziehen vermag.[9]

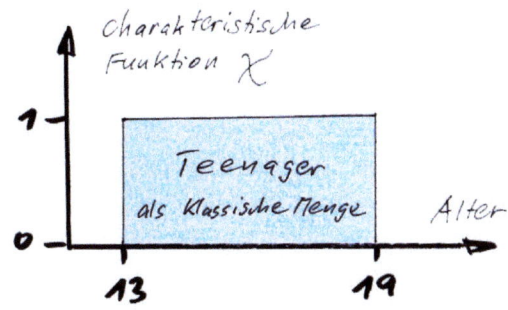

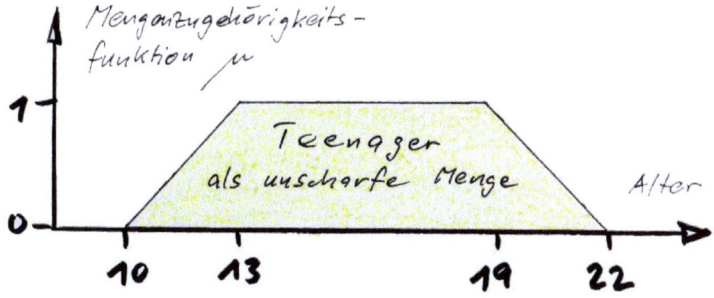

Abb. VII.1 *Unterschied zwischen klassischen und unscharfen Klassen (eigene Darstellung)*

---

9 Die Forschungsbuchreihe Fuzzy Management Methods (https://www. springer.com/series/11223) wurde im Jahr 2012 von Andreas Meier, Witold Pedrycz und Edy Portmann als Herausgeber lanciert und wird seitdem vom Springer Verlag in englischer Sprache publiziert. Die Buchreihe widmet sich vielfältigen Anwendungsbereichen der unscharfen Logik für Wirtschaft, Gesellschaft und Wissenschaft.

Als Beispiel soll der Unterschied zwischen scharfen und unscharfen Mengen im Marketing illustriert werden. Der Begriff der Teenager kann bei der Kundensegmentierung durch das Alter als Unterscheidungsmerkmal festgelegt werden. Grundsätzlich gehören alle Jugendlichen zur Menge der Teenager, wenn ihr Alter zwischen 13 (thirteen) und 19 (nineteen) Jahren liegt. Abbildung VII.1 zeigt die klassische Begriffsbildung und eine Teenagerdefinition basierend auf einer unscharfen Menge. Es fällt auf, dass die scharfe Menge unserer Wahrnehmung von Teenagern nicht gerecht wird: Just im Moment des 13. Geburtstags „springt" jede Person von der Klasse der Nicht-Teenager in die Klasse der Teenager. Am Ende des 20. Lebensjahres erlebt der Teenager einen ähnlichen Schock, indem er innerhalb kürzester Zeit plötzlich kein Teenager mehr ist.

Die unscharfe Menge der Teenager kommt unserer Wahrnehmung und Erfahrung besser entgegen: Ein Teenager wächst langsam in das Teenageralter hinein und verlässt es sanft wieder. Zum Beispiel ist eine zehnjährige Person noch kein Teenager, das heißt, die Zugehörigkeitsfunktion nimmt für das Alter zehn den Wert 0 an. Mit elf Jahren steht die betreffende Person zu einem Drittel (μ-Wert = 0.33 oder 33 Prozent) im Teenageralter, mit zwölf zu zwei Dritteln (0.66 oder 66 Prozent) und mit 13 dann voll (μ-Wert = 1.0 oder 100 Prozent). Analog fällt die unscharfe Menge der Teenager ab dem 19. Altersjahr und endet mit dem 22. Geburtstag. Natürlich ist die Wahl der unscharfen Menge frei, das heißt, Führungskräfte beziehungsweise Marketingspezialistinnen oder -spezialisten müssen sich überlegen, ab und bis wann das Teenagerdasein gelten und wie stark die jeweilige Zugehörigkeit definiert sein soll.

Intuitionsbasierte Logik

Der Mathematiker Krassimir Atanassov aus Bulgarien hat 1983 die unscharfe Menge mit ihrer Mengenzugehörigkeitsfunktion μ erweitert, indem er die Nicht-Mengenzugehörigkeitsfunktion *v* (engl. non-membership function) hinzunahm. Er nannte diese Mengen „auf Intuition basierende unscharfe Mengen" (engl. intuitionistic fuzzy sets) und studierte deren Eigenschaften (Atanassov 2016).

Das Potenzial der auf Intuition basierenden Mengen soll anhand eines kleinen Beispiels illustriert werden, das Krassimir Atanassov in ähnlicher Form zur Motivation von Studierenden verwendet: Becker und Huber haben eine Schachtel mit zehn Schokoladenbärchen gekauft. Becker verspeist sieben Bären, Huber zwei, und ein Bär fällt aus der Schachtel. Da taucht Schweizer auf, und Huber entschuldigt sich: „Lieber Schweizer, ich kann dir keinen Schokoladenbären anbieten, da Becker alle gegessen hat."

Nun möchten wir den Wahrheitsgehalt der Aussage von Huber überprüfen. Starten wir mit der klassischen Logik, welche die beiden Werte „Wahr" (1) und „Falsch" (0) unterscheidet. Freilich folgern wir, dass die Aussage von Huber falsch ist und den Wert 0 erhält, denn Becker hat nicht alle Schokoladenbären gegessen, da Huber am Bärenschmaus ebenfalls beteiligt war.

Rein intuitiv finden wir jedoch, dass Hubers Aussage „Becker hat alle gegessen" näher bei „Wahr" als bei „Falsch" liegen müsste. Die Dreiwertlogik von Jan Łukasiewicz mit den Wahrheitswerten $\{0, 1/2, 1\}$ kommt dieser Wertung entgegen. Mit der Dreiwertlogik würden wir folgern: Die Aussage von Huber ist zu 0,5 beziehungsweise zu 50 Prozent wahr.

Später hat Jan Łukasiewicz seine Dreiwertlogik zur Mehrwertlogik (Bergmann 2008) erweitert. Würden wir aufgrund des konkreten Beispiels eine 11-Wertlogik mit $\{0, 1/10, 2/10, ..., 9/10, 1\}$ anwenden, kämen wir der Wahrheit näher und würden folgern: Die Aussage von Huber ist zu 7/10 wahr. Allerdings würden wir Schwierigkeiten beziehungsweise ungenauen Bewertungen begegnen, wenn wir andere Mehrwertlogiken anstelle der 11-Wertlogik verwenden würden.

Mit der unscharfen Logik von Lotfi Zadeh würden wir ebenfalls folgern, dass die Aussage von Huber zu 0,7 oder zu 70 Prozent wahr ist. Die erweiterte Logik von Krassimir Atanassov hingegen erfasst die Situation differenzierter:

- Die Aussage von Huber ist zu 0,7 respektive zu 70 Prozent wahr.
- Die Aussage von Huber ist zu 0,2 respektive zu 20 Prozent falsch.
- Die Unsicherheit zur Aussage von Huber beträgt 0,1 respektive 10 Prozent.

Am besten schneidet also die auf Intuition basierende unscharfe Logik von Krassimir Atanassov ab.

Fazit: Die auf Intuition basierende unscharfe Logik erweitert die unscharfe Logik, indem sie neben der Mengenzugehörigkeit die Nicht-Mengenzugehörigkeit sowie die Unsicherheit explizit modelliert. Damit lassen sich differenzierte Schlüsse zu einem Sachverhalt ziehen.

Ein Paradigmenwechsel ist angesagt

Der Informatiker Radim Belohlavek (Palacky-Universität, Olomouc, Tschechien), der Geschichtshistoriker Joseph W. Dauben (City University, New York, USA) und der Systemtheoretiker George J. Klir (State University, New York, USA) haben 2017 ihr über 500-seitiges Werk „Fuzzy Logic and Mathematics: A Historical Perspective" veröffentlicht (Belohlavek et al. 2017). Darin führen die Autoren unter „fuzzy logic as a new paradigm" (S. 428 ff.) aus: „The challenge of this new paradigm is the rejection of one principle upon which logic has been based for millenia – the principle of bivalence. ... This includes not only the various areas of science, but also other areas, such as engineering, medicine, management, business, decision-making, risk analysis, and many others. The impact of this particular paradigm shift in logic thus extends far beyond logic. It is clearly a paradigm shift on a very large scale, which may justifiably be called a grand paradigm shift."

Was bedeutet dieser Grand Paradigm Shift für unser Leben? Das Potenzial klassischer Logik und herkömmlicher

Berechnungsmethoden lässt sich gemäß Abbildung VII.2 steigern, indem neben faktenbasierten und analytischen auch unscharfe oder intuitionsbasierte Methoden angewendet werden. So werden zum Beispiel den exakten Berechnungsmethoden (linke Seite von Abb. VII.2) Heuristiken (rechte Seite von Abb. VII.2) gegenübergestellt, das heißt, präzise Verfahren lassen sich durch weiche Methoden ergänzen. Heuristiken sind Kunstformen, um mit unvollständigen Informationen und mit begrenzter Zeit praktische Probleme zufriedenstellend lösen zu können.

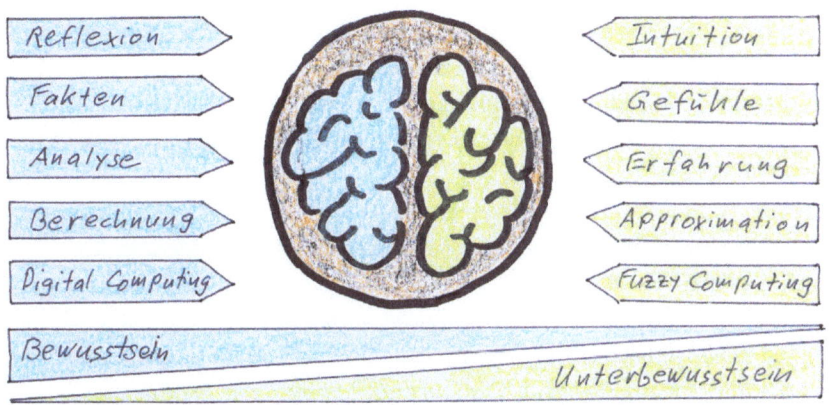

Abb. VII.2 *Idealisierte Darstellung der beiden Gehirnhälften mit ihren Funktionen (angelehnt an Meier 2021)*

Lange Zeit hielt sich die Auffassung, dass die beiden Gehirnhälften für unterschiedliche menschliche Fähigkeiten verantwortlich zeichnen: Demnach sei die linke Gehirnhälfte für Sprache, Logik, Rechnen, Analyse oder Gesetzmäßigkeiten und somit für das Denken zuständig, während die rechte Gehirnhälfte Intuition, Kreativität sowie Symbolik steuert und Assoziationen für Bilder, Klänge oder Gefühle weckt. Natürlich lassen sich die beiden Gehirnhälften nicht isoliert voneinander betrachten, sondern müssten gemäß aktuelleren neurowissenschaftlichen Untersuchungen eher im Sinne von „Sowohl als auch" interpretiert werden. Für unsere Diskussion soll diese idealisierte Darstellung der Hemisphären des Gehirns jedoch bedeuten, dass beide Fähigkeitsspektren – die des Denkens und die der Intuition – in unserem täglichen Leben berücksichtigt werden sollten. Fazit: Anstelle des dualen Denkens in den Dimensionen Schwarz oder Weiß, Richtig oder Falsch, Gut oder Schlecht sollte man sein eigenes Leben unscharf reflektieren, das heißt differenziert anhand von Grautönen analysieren. Wichtige Entscheidungen im persönlichen Leben lassen sich selten scharf mit „Ja" oder „Nein" beantworten. Vielmehr geht es um ein Abwägen unterschiedlicher Einflussfaktoren, und die Antwort für eine Problemlösung lautet dann „Ja, unter Vorbehalt" oder „Sowohl als auch" anstelle von „Entweder oder". Lösungssuche wie Umsetzung müssen nicht in jedem Fall richtig (Wahrheitswert 1) oder falsch (Wahrheitswert 0) sein, sondern können Werte zwischen 0 und 1 annehmen.

Im Frühjahr 2019 startete ich eine mehrwöchige Wanderung. Ich ging alleine los, weil ich während meiner Fastenperiode im Winter wichtige berufliche und persönliche Jahresziele festgelegt hatte – dieser Fußmarsch war eines davon. Nach einem Kurzaufenthalt in Bordeaux und einer Zugfahrt nach Saint-Jean-Pied-de-Port im französischen Baskenland überwand ich die Pyrenäen mit Wanderschuhen und Rucksack bis nach Pamplona, der Hauptstadt der autonomen spanischen Region Navarra. Dann gings weiter per pedes durch die Rioja- und Weingegend bis Logroño und Burgos, danach nach Leon, der Hauptstadt der Region Castilla y León. Nach Überwindung weiterer Hügelketten gelangte ich nach Galicien und beendete meine 800 Kilometer lange Wanderung schließlich in Santiago de Compostela. Unterwegs fragten mich die Leute immer wieder: Warum bist du alleine unterwegs? Meine Antwort lautete im Sinne des Sozialethikers Hans Ruh, dass die duale Zeit mit Arbeits- und Freizeit zugunsten eines Zeitseptetts aufgegeben werden sollte (siehe Kapitel VIII), welches auch die Ich-Zeit umfasst: die Zeit für sich selbst und zur Verwirklichung eigener Träume. Allgemein sollten Dichotomien im Leben – wie Arbeitszeit/Freizeit, Gut/Böse, Richtig/Falsch oder Schwarz/Weiß – aufgelöst und in Farbtönen differenzierter reflektiert werden.

Atanassov K.: Intuitionistic Fuzzy Logic – Studies in Fuzziness and Soft Computing. Springer, Heidelberg 2016.

Belohlavek R., Dauben J. W., Klir G. J.: Fuzzy Logic and Mathematics – A Historical Perspective. Oxford University Press, New York 2017.

Bergmann M.: An Introduction to Many-Valued and Fuzzy Logic – Semantics, Algebras, and Derivation Systems. Cambridge University Press, New York 2008.

Dalai Lama: Die vier edlen Wahrheiten – Die Grundlage buddhistischer Praxis. Fischer Verlag, Berlin 2014.

Meier A.: Rundgang Big Data Analytics – Hard & Soft Data Mining. In: D'Onofrio S., Meier A.: Big Data Analytics – Grundlagen, Fallbeispiele und Nutzungspotenziale. Edition HMD, Springer, Heidelberg 2021, S. 3–23.

Priest G.: The Fifth Corner of Four – An Essay on Buddhist Metaphysics and the Catuskoti. Oxford University Press, Oxford 2018.

Zadeh L. A.: Fuzzy Sets. Information and Control, No. 8, 1965, pp. 338–353.

LESSONS LEARNED

* DIE 4 EDLEN WAHR-
  HEITEN SIND DAS TOR
  INS NIRWANA

* CATUSKOTI ERLAUBT
  DIFFERENZIERTE
  RECHTSSPRECHUNG

* DIE UNSCHARFE LOGIK
  LÄSST UNENDLICH VIELE
  WAHRHEITSWERTE ZU

* MIT DER INTUITIONS-
  BASIERTEN LOGIK KANN
  UNSICHERHEIT MODELLIERT
  WERDEN

* ACHTSAMKEIT VERLANGT,
  ANSTELLE SCHWARZ/WEISS
  FARBTÖNE SPRECHEN ZU
  LASSEN

Teil VIII

JEDER KANN ZAUBERN

„Wenn du einen Stein ins Wasser wirfst, so eilt er auf dem schnellsten Weg zum Grunde des Wassers. So ist es, wenn Siddhartha ein Ziel, einen Vorsatz hat. Siddhartha tut nichts, er wartet, er denkt, er fastet, aber er geht durch die Dinge der Welt hindurch wie der Stein durchs Wasser, ohne etwas zu tun, ohne sich zu rühren; er wird gezogen, er lässt sich fallen. Sein Ziel zieht ihn an sich, denn er lässt nichts in seine Seele ein, was dem Ziel widerstreben könnte. Das ist es, was Siddhartha bei den Samanas gelernt hat. Es ist das, was die Toren Zauber nennen und wovon sie meinen, es werde durch die Dämonen bewirkt. Nichts wird von Dämonen bewirkt, es gibt keine Dämonen. Jeder kann zaubern, jeder kann seine Ziele erreichen, wenn er denken kann, wenn er warten kann, wenn er fasten kann." Hermann Hesse: Siddhartha – Eine indische Dichtung. Suhrkamp Verlag, 2020, S. 52/53.

Fasten – im Sinne eines mehrtägigen Verzichts auf feste Nahrung – gibt einem die Chance, sich auf das Wesentliche zu besinnen. Mit einer bewussten Entscheidung zum Verzicht auf die gewohnte Nahrungsaufnahme öffnen sich ungeahnte Welten. Wann findet man in unserer hektischen Zeit noch einige Tage Muße, um langsamer zu gehen, Signale aus der Umgebung gedämpfter wahrzunehmen, immer wieder der inneren Stimme zu lauschen, tiefer durchzuatmen, Zeit für sich zu finden, dank Langeweile neue Erkenntnisse zu schöpfen oder den Mut, innere Träume anzugehen und zu realisieren?

Fasten hilft einem, seinen Körper und seinen Geist besser kennenzulernen. Immer wieder staunt man über sich selbst – darüber, mit welchen inneren Emotionen man auf Interaktionen im Familienkreis, unter Freunden oder unter Arbeitskolleginnen und -kollegen reagiert. Die Haut ist während der Fastenzeit sprichwörtlich dünn. Es lohnt sich deshalb, sich in Geduld zu üben und zu versuchen, äußere Signale zuerst einmal aufzunehmen und zu verdauen, bevor man unüberlegt reagiert. Slow down ist immer wieder gefragt. Denn in der Fastenzeit gelten oft Umkehrregeln. Zum Beispiel: Wenn du ein Ziel rasch erreichen möchtest, solltest du langsam gehen.

Körper und Geist bilden eine Einheit, obwohl wir das in unserer westlichen Welt nicht wahrnehmen wollen. Das Sanskrit-Wort Sutra bezeichnet einen oft in Versform verfassten Lehrsatz in der indischen Literatur. Insbesondere findet sich das Sutra in den Lehrtexten des Buddhismus und Jainismus. Die älteste zusammenhängende Sammlung der Lehrtexte des Buddha Siddhartha Gautama ist in der Sprache Pali verfasst und wird als Pali-Kanon bezeichnet. Viele dieser Sutras sind knapp gehalten und manchmal schwierig nachzuvollziehen, vor allem wenn sie eine Tatsache mit der Nicht-Tatsache kombinieren. So sagt beispielsweise Buddha: „Meine Praxis ist die Praxis der Nicht-Praxis, das Erlangen des Nicht-Erlangens." Als Mathematiker und Forscher der unscharfen Logik kann ich nur zustimmen: Welt und Wahrheit bestehen nicht nur aus Schwarz (mit dem Wahrheitswert „Falsch" respektive „0") und Weiß („Richtig" respektive „1"), sondern können alle Werte zwischen 0 und 1 annehmen (Meier und Portmann 2019). Anders ausgedrückt: Everything is true to a certain degree.

Geist und Körper sind zwei Sichtweisen auf ein und denselben Menschen – sie bilden eine Einheit (Hahn 2008). Laufen beispielsweise ist so einfach, man muss lediglich einen Fuß vor den anderen setzen. Wir im Westen finden solch simple Gedanken lächerlich oder unsinnig, und ich frage zurück: Ist Sinn Unsinn, oder ist Unsinn Sinn? Anstelle zu gehen oder zu laufen, steigen wir lieber in unseren Rolls-Royce, Bentley oder BMW, um „Zeit zu gewinnen". Können wir Zeit gewinnen, wenn wir eine Strecke zwischen A und B möglichst rasch mit einem technischen Fahr- oder Flugzeug zurücklegen?

„Time is worth gold", heißt es nicht nur im englischen Sprachraum. Zeit kann man nur gewinnen, wenn man zu Fuß geht und Körper und Geist in Einklang bringt!

Gottfried Keller war Poet und Politiker in Zürich und lebte von 1819 bis 1890. Er beteiligte sich an der militanten Bewegung im Raum Zürich und Bern, die 1948 zur staatlichen Neuordnung der Schweiz führte. Zudem wurde er 1861 zum Ersten Staatsschreiber des Kantons Zürich berufen, ohne seine literarischen Liebhabereien aufzugeben. Ein Vierzeiler aus einem seiner Gedichte kenne ich seit meiner Jugend auswendig:

> Die Zeit geht nicht, sie stehet still;
> wir ziehen durch sie hin;
> sie ist die Karawanserei,
> wir sind die Pilger drin.

Doch nun zurück zu unserem Streben nach Zeitgewinn: Falls wir die Verbundenheit von Körper und Geist an uns selbst erfahren und verstehen, wird das Fasten nicht zu einer Last, sondern zu einer Bereicherung.

In der selbst gewählten Fastenzeit reflektiert man den Alltag. Man unterbricht bewusst den täglichen Rhythmus des Lebens und gewinnt Abstand zu seinen Gewohnheiten. Vielleicht überprüft man seine Gewohnheiten auf Qualität, Lebensfreude und Genugtuung? Oder man überdenkt sein eigenes Beziehungsnetz und wird sich bewusst, welche Menschen einem wirklich nahestehen und das eigene Leben bereichern.

Es gibt immer wieder Gespräche im engsten Familienkreis: In meinen ersten Fastenjahren musste ich meine Frau zuerst für mein Vorhaben gewinnen. Unsere Kinder fragten mich später bei den Mahlzeiten, weshalb ich täglich meine eintönige Fastensuppe schlürfe und auf Mahlzeiten verzichte. Heute wiederholen sich diese Gespräche mit den Enkelkindern.

Im Arbeitsumfeld kann es zu Spannungen kommen, da man mit der eigenen Energie behutsam umgehen muss. Mit den Jahren entwickeln sich jedoch Verständnis und Rücksichtnahme – auf beiden Seiten. Manchmal erfährt man Bewunderung und tauscht sich im Kreis der Kolleginnen und Kollegen über Fragen aus, die normalerweise nie angesprochen werden. Viele Ratgeber fürs Fasten empfehlen, Fastenkuren außerhalb des privaten wie beruflichen Umfelds durchzuführen. Man setzt sich dann einige Tage in eine Oase mit vielfältigem Wellnessangebot, reichem Menüplan zum Heilfasten sowie Diskussionen und Gruppengesprächen unter Gleichgesinnten. Freilich ist es die persönliche Entscheidung jedes einzelnen Fastenden, wie lange und wo er seine Fastentage verbringen möchte.

Ich selbst wollte nie einen Teil meiner Ferien opfern und Frau und Kinder während meiner Fastenzeit allein lassen. Ich selbst wollte am Arbeitsplatz meine Leistung erbringen, wenn auch manchmal mit weniger Hektik und in gedrosseltem Tempo. Ich wollte mit meinen Mitmenschen in der Familie, im Bekanntenkreis und in der Arbeitswelt während meiner Fastenzeit in Kontakt bleiben und mich nicht abschotten.

Hans Ruh hat als Sozialethiker die Arbeit untersucht und herausgefunden, dass damit in unserer heutigen Zeit vieles nicht stimmt. Er schlägt eine Umverteilung der Arbeit vor, eine Neubewertung der Freizeit und eine bessere Verankerung der Arbeit im menschlichen Leben. In seinem Buch „Anders, aber besser. Die Arbeit neu erfinden – für eine solidarische und überlebensfähige Welt" (1995) schlägt er vor, sieben Zeitaspekte rund um die Arbeit zu betrachten (S. 29 ff.):

- Freizeit: Sie ist die Zeit nach der Arbeit und sollte Erholung und Kompensation bieten.
- Monetarisierte Arbeitszeit: Jeder sollte gegen Entlohnung so viel arbeiten, wie er will, sofern er eine entsprechende Arbeit findet, die ökologisch ist und die Grundbedürfnisse anderer nicht einschränkt.
- Eigenarbeit: Hier geht es um freiwillige Arbeit für die Gesundheit, für Nahrungsbeschaffung, Haushalt, Bildung, Kultur, Reparatur, Wohnungsbau oder Mobilität zu Fuß oder mit dem Fahrrad.

- Obligatorische Sozialarbeit: Ein obligatorischer Sozialdienst sollte von allen Bürgerinnen und Bürgern eingefordert werden, als allgemeine Dienstpflicht von drei Jahren, verteilt über die aktiven Lebensjahre. Dazu zählen beispielsweise Sortierung und Rückholung von Abfällen, Wald- und Seesanierungen, Kommunikationsangebote für ältere Menschen, Unterstützung bei der Pflege, Fahrdienste etc.
- Ehrenamtliche Tätigkeit: Jeder Mensch sollte die Möglichkeit nutzen, freiwillig soziale und ökologische Tätigkeiten auszuführen, etwa Nachbarschaftshilfe, Weitergabe von Wissen, Mitwirkung in der Feuerwehr, Förderung von Ausbildungsstätten etc.
- Ich-Zeit: Jeder Mensch benötigt Zeit für sich selbst, für seinen Körper, seine Seele und seinen Geist.
- Reproduktionszeit: Hier geht es um Tätigkeiten für Entwicklung, Betreuung, Erziehung und Pflege künftiger Generationen.

Hans Ruh lehrt uns, die Welt nicht in Schwarz und Weiß beziehungsweise in Arbeits- und Freizeit einzuteilen. Vielmehr schlägt er uns die sieben Zeitbegriffe vor, nach denen wir leben können. Dieses Zeitseptett garantiert uns, ein ausgewogenes und harmonisches Leben zu führen, mit Hochs und Tiefs.

Die Fastenzeit lässt sich gemäß den sieben Zeitoptionen von Hans Ruh unter diversen Rubriken verbuchen, etwa Freizeit oder Eigenarbeit oder obligatorische Sozialarbeit oder Ich-Zeit. Verabschiedet man sich von der Dualität Arbeit – Freizeit und lebt nach den von Hans Ruh vorgeschlagenen sieben Zeitoptionen, so lässt sich die Fastenzeit ohne Probleme einmal im Jahr mit mehreren Tagen Verzicht auf feste Nahrung besser in das eigene Leben integrieren.

Ich war ein Dutzend Jahre in Vietnam an verschiedenen Universitäten in Hanoi und Ho Chi Minh City (früher Saigon) tätig, genauer gesagt zwischen 2001 und 2013. Während meinen mehrtägigen Workshops für angehende vietnamesische Doktorandinnen und Doktoranden fiel mir auf, wie positiv die Vietnamesinnen und Vietnamesen auf meine Erläuterungen zur Umsetzung der Fuzzy Logic für eBusiness und eGovernment reagierten – im Gegensatz zu den europäischen Studierenden in der Schweiz, die im Spannungsfeld zwischen Schwarz und Weiß mit all den Grautönen dazwischen keine tieferliegende Philosophie erkennen wollten. Während meines Engagements in Vietnam habe ich mich mit den philosophischen Werken aus Asien, besonders aus Vietnam, sowie mit den Erkenntnissen von Ho Chi Minh und Thich Nhat Hanh beschäftigt. Meine Kursteilnehmerinnen und -teilnehmer standen mir dabei mit Rat und Tat zur Seite. Bis heute bin ich all den Vietnamesinnen und Vietnamesen für die Erweiterung meiner westlichen Perspektive dankbar.

Meine Fastenreihe lautet, mit Jahr und Anzahl Fastentage: 1986: drei Tage, 1987: fünf Tage, 1988: sieben Tage, 1989: neun Tage, 1990: elf Tage, 1991: 13 Tage, 1992: 15 Tage und dann jeweils elf Fastentage von 1993 bis 2022. Nach Adam Riese komme ich damit in den Jahren von 1986 bis 2022 auf 393 Tage Fasten.

Letzte Frage: Kann man unrealistische Träume verwirklichen und 393 Tage ohne feste Nahrung überleben? Die Antwort ist: Ja, man kann! Wenn man reduzieren kann. Wenn man reflektieren kann. Wenn man fasten kann.

Hahn T. N.: Understanding Our Mind. Harper Collins Publishers India, New Delhi, 2008.

Hesse H.: Siddhartha – Eine indische Dichtung. Suhrkamp Verlag, 2020.

Meier A., Portmann E.: Fuzzy Management – Trilogie II: Einsatz der unscharfen Logik für Business Intelligence. essentials, Springer, Heidelberg, 2019.

Ruh H.: Anders, aber besser. Die Arbeit neu erfinden – für eine solidarische und überlebensfähige Welt. Verlag im Waldgut, 1995.

GLOSSAR

Achtsamkeit
Achtsamkeit bedeutet, den gegenwärtigen Moment bewusst wahrzunehmen. Vier Ebenen sind dabei von Bedeutung: Achtsamkeit auf den Körper, auf die Gefühle, auf den Geist und auf die Objekte des Geistes.

Autophagie
Autophagie oder Autophagozytose bezeichnet den natürlichen Prozess der Zellerneuerung, Zellreinigung und Zellgeneration beim menschlichen Körper.

Body-Mass-Index
Der Body-Mass-Index (BMI) ist eine Maßzahl zur Bewertung des Körpergewichts eines Menschen in Relation zu seiner Körpergröße im Quadrat.

Catuskoti
Der buddhistische Mönch Nagarjuna entwickelte das Catuskoti als Urteilsvierkant in der indischen Philosophie mit den Wahrheitsoptionen „Wahr", „Falsch", „Sowohl wahr als auch falsch" und „Weder wahr noch falsch".

Edle Wahrheiten
Die vier edlen Wahrheiten in der Metaphysik des Buddhismus folgen einer medizinischen Evaluation mit den vier Stufen Leiden, Ursache, Prognose und Heilung.

Ernährungspyramide
Eine Ernährungspyramide gliedert die Nahrungsmittel pyramidenförmig in Gruppen ein, um eine gesunde Ernährung zu fördern. An der Basis sind die mengenmäßig zu bevorzugenden Nahrungsmittel aufgeführt, an der Spitze die in geringerer Menge empfohlenen.

Fasten
Beim Fasten verzichtet der Fastende freiwillig auf die Aufnahme fester Nahrung während einer Fastenzeit von mehreren Tagen. Beim Intervallfasten verzichtet der Fastende stundenweise auf die Aufnahme fester Nahrung (Kurzzeitfasten).

Intuitionsbasierte Logik
Die intuitionsbasierte Logik (engl. intuitionistic fuzzy logic) erweitert die unscharfe Logik, indem sie die Unsicherheit bei der Wahrheitssuche von „Wahr" und „Falsch" miteinbezieht.

Kalorie
Eine Kalorie ist die Wärmemenge, die erforderlich ist, um 1 Gramm Wasser um 1 Grad Celsius zu erwärmen. Bei Lebensmitteln sind Angaben in Kilokalorien (kcal) oder Kilojoule (kJ) üblich, wobei 25 kcal ca. 100 kJ entsprechen. Die Deutsche Gesellschaft für Ernährung empfiehlt eine tägliche Energiezufuhr von 2.300 kcal (9.600 kJ) für Männer und 1.800 kcal (7.500 kJ) für Frauen im Alter von 25 bis 50 Jahren.

Klimabilanz
Klimabilanzen zeigen auf, welcher Ausstoß von Kohlendioxid (CO_2) oder anderen Treibhausgasen auf welche Aktivitäten zurückzuführen ist. Die Klimabilanz von Lebensmitteln gibt den CO_2-Ausstoß in Gramm für ein bestimmtes Lebensmittel an. So beträgt der CO_2-Ausstoß für 1 Liter Leitungswasser 0,4 Gramm, der für 1 Liter Wasser aus einer PET-Flasche 400 Gramm.

Low-Carb-Ernährung
Low Carb steht für Low Carbohydrates, das heißt weitgehenden Verzicht auf Kohlenhydrate in der täglichen Nahrungsaufnahme.

Paleo-Ernährung
Die Paleo-Ernährung oder Steinzeiternährung orientiert sich an der Ernährung während der Altsteinzeit (Paläolithikum), die vor zwei Millionen Jahren begann. Auf dem Menüplan standen damals und stehen heute Gemüse, Obst, Beeren, Fisch, Meeresfrüchte, Schalentiere, Wildfleisch, Eier, Pilze, Edelkastanien oder Honig.

Qigong
Qigong bedeutet Arbeit (Gong) für die Lebensenergie (Qi). In der Traditionellen Chinesischen Medizin soll damit die Kraft des Körpers und des Geistes durch Bewegung, Atmung und Energie gestärkt werden.

Tertium Non Datur
Das Prinzip vom ausgeschlossenen Dritten (lat. tertium non datur) ist ein logisches Grundprinzip und sagt aus, dass für eine beliebige Aussage nur die Aussage selbst oder ihr komplementäres Gegenteil gelten kann. Damit gibt es kein Drittes, das gelten kann.

Thermogenese
Bei der Thermogenese erzeugen Zellen des braunen Fetts (plurivakuoläres Fettgewebe des Menschen) Wärme mittels Oxidation von Fettsäure.

Unscharfe Logik
Die unscharfe Logik (engl. fuzzy logic) ist eine Erweiterung der klassischen Logik mit den Werten „Wahr" (1) und „Falsch" (0) und lässt neben 0 und 1 unendlich viele Wahrheitswerte zwischen 0 und 1 zu. Die Aussage „X ist zu 0,8 wahr" bedeutet, dass X zu 80 Prozent wahr und zu 20 Prozent falsch ist.

Waist-to-Height Ratio
Die Verhältniszahl Waist-to-Height oder Waist-to-Height Ratio (WHtR) vergleicht den Bauchumfang (Waist) gemessen in Zentimetern mit der Körpergröße (Height) in Zentimetern.

Yoga
Yoga ist eine aus Indien stammende Philosophie, die eine Reihe von körperlichen und geistigen Übungen umfasst, um Körper, Geist und Seele in Harmonie zu bringen.

DANKSAGUNG

Einige Familienmitglieder, Bekannte sowie ehemalige Doktorierende haben mich immer wieder ermuntert, meine Erfahrungen zum Fasten auf Papier zu bringen. Nach langem Zögern habe ich mich entschlossen, Allgemeingültiges zum Fasten zusammen mit meinen persönlichen und subjektiven Erfahrungen in Buchform herauszugeben. Ich danke den Verantwortlichen des novum Verlags und insbesondere Jana Gneist und Sansarah Hammer für die Unterstützung. Ein herzlicher Dank geht auch an die Lektorin, welche ein vorbildliches Lektorat verfasst hat! Zudem haben Lydia Meier-Bernasconi, Isabel Pfeiffer und Corinne Schmid inhaltliche und sprachliche Verbesserungen vorgeschlagen. Anas D. Meer hat die Farbbilder und Lessons-Learned-Zettel für jedes Kapitel von Hand entworfen und gestaltet. Jean-Claude Ostertag hat die Fotografien für alle Zeichnungen angefertigt.

Der Autor

Andreas Meier studierte Musik an der Akademie
in Wien und Mathematik an der Eidgenössischen
Technischen Hochschule in Zürich. Er forschte im
Silicon Valley in Kalifornien, bevor er eine Professur
für E-Business & E-Government an der Université
de Fribourg in der Schweiz annahm und sich über
Jahre in Vietnam und Ecuador den Themen der
digitalen Gesellschaft zuwandte.

Der Verlag

Wer aufhört
besser zu werden,
hat aufgehört
gut zu sein!

Basierend auf diesem Motto ist es dem novum Verlag
ein Anliegen, neue Manuskripte aufzuspüren, zu ver-
öffentlichen und deren Autoren langfristig zu fördern.
Mittlerweile gilt der 1997 gegründete und mehrfach
prämierte Verlag als Spezialist für Neuautoren in
Deutschland, Österreich und der Schweiz.

**Für jedes neue Manuskript wird innerhalb we-
niger Wochen eine kostenfreie, unverbindliche
Lektorats-Prüfung erstellt.**

Weitere Informationen zum Verlag und
seinen Büchern finden Sie im Internet unter:

w w w . n o v u m v e r l a g . c o m

andreas meier

mutus wah wah slam

ISBN 978-3-99131-544-5
94 Seiten

als nerd und hacker ist mutus ein crack für deep-learning
algorithmen. er knackt das luxemburgerli-rezept von chocolatier
sprüngli in zürich. sein talent wird allerdings auf die probe
gestellt, als er den software-chef attila von webscan trifft ...

andreas meier

mutus wah wah slam

l'istorgia d'ün nerd in puter

ISBN 978-3-99131-985-6
94 Seiten

mutus es hacker ed in prüma lingia ün crack pertuchant algoritmus da deep learning. el demascrescha la recetta dals luxemburgherlis dal chocolatier sprüngli a turich. cun sieu talent as metta el però in prievel, cur ch'el inscuntra ad attila da la ditta webscan …